L'appel de Dieu à la sainteté

Jim Lo

Éditions Foi et Sainteté
Lenexa, Kansas (ETATS-UNIS)

Titre original : *God's Call to Holiness* par Jim Lo
(Printed with permission of Jim Lo, Marion, Indiana, All Rights Reserved.)

Sauf indication contraire, toutes les citations des Saintes Ecritures
sont tirées de la version Louis Segond.

Traduit de l'anglais par France Lise d'Oliveira

Couverture et mise en page par Scott Stargel

ISBN : 978-0-7977-1007-8

Cette édition est publiée par les
Editions Foi et Sainteté
17001 Prairie Star Parkway, Lenexa, Kansas (ETATS-UNIS)
avec la permission de l'auteur

Avant-propos

Cette étude sur la sainteté wesleyenne par le Dr Jim Lo est l'un des meilleurs exposés en la matière, qui me soit tombé entre les mains. La compréhension que l'auteur a de l'enseignement des Ecritures reflète non seulement une connaissance approfondie de la théologie biblique mais également une parfaite maîtrise des positions distinctives de John Wesley sur les doctrines de l'entière sanctification et de la perfection chrétienne.

L'appel de Dieu à la sainteté révèle la profondeur de la compréhension spirituelle de l'auteur. Sa présentation de la vérité est non seulement claire mais elle est aussi, source d'inspiration. Quiconque recherche l'expérience de l'Entière Sanctification devrait trouver dans cette étude une source vivifiante de l'Esprit. En outre, le savoir pédagogique de l'auteur est impressionnant car il permet à l'étudiant de digérer la vérité par petites bouchées tout en s'instruisant malgré lui ! J'ai la joie d'accorder mon approbation enthousiaste à ce livre.

Veuillez agréer mes salutations distinguées,

-William M. Greathouse,
Surintendant général émérite.
Eglise du Nazaréen

Préface de l'auteur

En 1989, il m'a été demandé de rédiger une étude sur la doctrine de la sanctification. Alors que je commençais mes recherches pour ce projet, mon cœur fut étrangement réchauffé par la puissance du Saint Esprit.

Mon beau-père, le Révérend Andrew J. GERLEMAN, me disait avant son décès en 1991 : « Jim, prêche la sanctification! » Sa vie était une véritable démonstration de la sanctification telle qu'elle est enseignée dans les Ecritures. Pendant 45 ans, il prêcha fidèlement le message de Dieu sur le salut et la sanctification. Il avait réussi à lire la Bible entière plus de 120 fois! Quand j'ai commencé mon propre ministère, il me prodiguait continuellement ses encouragements et m'offrait le soutien de son affection. Il fut une réelle inspiration pour ma vie ! C'est pour cette raison que je désire lui dédier cette étude.

Je veux également remercier les personnes suivantes :

Révérend Don KARNS, Mr Stephen MADALANE ainsi que le Révérend Israël LANGA pour leurs conseils et suggestions.

André et Matthieu LO, mes deux fils qui furent une source continuelle d'encouragement et de compréhension pendant que j'écrivais cette étude.

Roxene June LO, ma chère épouse qui m'a beaucoup aidé dans la mise en page, les remarques appropriées et les corrections nécessaires.

Ma prière est que cette étude devienne un instrument utile pour aider à conduire des hommes et des femmes vers l'expérience merveilleuse de la Sanctification selon les Ecritures.

- Jim LO

Consumé

Lors d'une visite en Afrique du Sud, le Dr Saturnino GARCIA a partagé ces paroles suivantes : (Dr Garcia est l'ancien surintendant général de l'église wesleyenne aux Philippines).

Lorsque John WESLEY fut interrogé sur la raison pour laquelle tant de personnes venaient écouter ses prédications, il répondit ceci : « Je me laisse moi-même enflammer et les autres viennent juste pour me voir en train d'être consumé. »

« Nous n'avons pas besoin de beaux bâtiments pour attirer les hommes dans l'église » poursuivit-il. « Nous n'avons pas besoin de grosses sommes d'argent pour faire croître les églises. Nous croyons avoir besoin de tant de choses qui ne sont pas indispensables. Mais, ce dont nous avons réellement besoin pour accomplir l'œuvre de Dieu ; c'est le Saint Esprit. Les hommes sont attirés par le feu. En tant que chrétiens, si nous sommes consumés par le feu du Saint Esprit, les autres seront attiré vers nous et vers Celui que nous représentons. »

Citation sur la sainteté

Samuel CHADWICK, un prédicateur méthodiste qui suscita un réveil parmi ceux de sa génération a dit : « l'Eglise est bien assise sur une théologie du Saint Esprit, mais elle n'a aucune conscience de sa présence et de sa puissance. La théologie sans l'expérience est comme la foi sans les œuvres, elle est morte. L'énergie produite par la chair permet d'organiser des foires, des divertissements et de lever des millions de dollars ; mais c'est la présence du Saint Esprit qui bâtit un temple pour le Dieu vivant. »

Bonnes Nouvelles, mars 1993

LEÇON 1

But de la leçon

A la fin de cette leçon vous devez être capable de :

   a.   Dire quel est le premier livre que nous devrions étudier pour comprendre la sanctification.

   b.   Donner une définition simple de la sanctification.

   c.   Citer Marc 12.30 par cœur.

   d.   Décrire trois grands faits au sujet de la sainteté divine.

   e.   Décrire trois choses que la Bible déclare capables d'être saintes.

Section 1 : LA BIBLE ENSEIGNE LA SAINTETÉ

1.1 Au début de ma conversion, lorsque j'ai accepté Jésus Christ comme mon sauveur, j'étais très heureux. C'était merveilleux de savoir que mes péchés étaient pardonnés. C'était formidable aussi de savoir que si je mourrais, mon esprit irait au ciel.

Qu'avez vous ressenti lorsque vous avez accepté Jésus Christ comme votre Sauveur personnel ? _____

Prenez un moment pour raconter comment vous avez été sauvé.

_____
_____
_____
_____
_____
_____
_____
_____
_____
_____
_____

Soyez prêt à partager votre témoignage personnel en classe.

***

1.2 Je me sentais si bien quand j'ai été sauvé. C'était merveilleux de savoir que Dieu m'a tellement aimé qu'il a envoyé son Fils, Jésus-Christ, pour mourir sur la croix pour moi.

C'était également merveilleux de savoir qu'il m'avait pardonné mes péchés et qu'à cause de ce que Jésus avait fait, j'avais maintenant la vie éternelle.

Mais en continuant de marcher avec Jésus, J'ai commencé à réaliser que la vie chrétienne signifiait plus qu'être simplement sauvé. Je voulais ressembler à Jésus.

Avez vous déjà éprouvé ce sentiment ? _____

***

1.3 Votre réponse sera peut être « oui ». C'est un sentiment normal pour tout chrétien.

Je suis allé voir mon pasteur et je lui ai expliqué ce que je ressentais. Je lui ai demandé, « Que dois-je faire ? » Il m'a alors regardé et m'a dit « Jim, tu es en train de me dire que tu recherches la sanctification. En d'autres termes, tu veux être saint. »

Que signifie le terme « sainteté » pour vous ?_____
_____
_____

***

1.4 Comme j'étais un nouveau croyant, le mot « saint » ne m'était pas familier. Je pensais qu'une personne sainte était une personne qui regardait et parlait différemment des autres. En fait, je pensais qu'une personne sainte ne riait jamais ou ne se fâchait jamais. Je pensais qu'une personne sainte était une personne qui était toujours malheureuse. Ainsi, quand mon pasteur m'a dit que je voulais être saint, je me suis mis á rire et lui ai répondu, « Je veux bien être un chrétien mais pas un chrétien saint ! »

Ensuite, j'ai partagé à mon pasteur ma propre définition d'une personne sainte. Mon pasteur se moqua gentiment de moi et me dit : « Pourquoi n'étudierions-nous pas la Bible ensemble pour voir ce qu'elle nous apprends sur la sanctification ? »

Que devons-nous étudier si nous voulons comprendre ce qu'est la sanctification ? _____
_____

***

1.5 Mon pasteur disait que nous devrions étudier la Bible parce qu'elle enseigne tout sur la vraie sanctification.

Un jour, alors que je visitais un ami, je remarquai quelque chose d'étrange. Des hommes vêtus de longues tuniques sautillaient autour d'un arbre. Je demandai à mon ami ce qu'ils étaient en train de faire. Il me répondit qu'ils essayaient de devenir saints. Ils avaient entendu dire que sauter pouvait les rendre saints.

Pensez-vous que sautiller pendant des heures peut rendre une personne sainte ? _____
_____

***

1.6 Nulle part dans la Bible, il n'est écrit qu'une personne peut être sanctifiée en sautillant durant des heures.

Un homme m'a raconté qu'il connaissait une église où les membres se lacéraient la chair pour montrer aux autres qu'ils étaient saints. Leur responsable leur avait affirmé que plus ils auraient des cicatrices sur le corps plus ils seraient sanctifiés.

Un autre groupe de croyants, quant à eux, croyaient fermement que l'unique moyen d'être sanctifié était de se laisser crucifier sur une croix durant plusieurs heures.

Il y a très longtemps de cela, un homme appelé Siméon Stylites passa 37 ans en haut d'un pilier. Il était persuadé que c'était là l'unique moyen de parvenir à la sainteté. Il existe effectivement un groupe de croyants qui vit sur des arbres car ils croient qu'ainsi, ils « ne sont pas entachés » par les souillures du monde.

Si nous voulons vraiment comprendre ce que signifie être saint, que devons-nous étudier ?

_____

***

1.7 Si nous voulons comprendre ce que Dieu dit au sujet de la sanctification, nous devons étudier sa parole, la Bible.

Le mot « saint » apparaît plus de 600 fois dans la Bible sous différentes formes. En fait, le livre de Lévitique, dans l'Ancien Testament parle essentiellement de la sanctification. A travers toute la Bible, nous retrouvons l'enseignement de la doctrine de la sainteté.

Quel mot est utilisé, sous plusieurs formes différentes, plus de 600 fois dans la Bible ? __

***

1.8 Le mot « saint » est utilisé plus de 600 fois dans la Bible, sous différentes formes. Si nous voulons apprendre ce que Dieu dit au sujet de la sainteté, nous devons nous tourner vers sa parole.

Qu'est ce que nous devons étudier si nous désirons connaître ce que Dieu dit au sujet de la sainteté ?_____

***

1.9 Peut-être que votre réponse est : nous devrions lire la parole de Dieu si nous désirons comprendre le sujet de la sanctification. Ou vous avez peut-être répondu qu'il faudrait étudier la Bible. Ces deux réponses sont justes puisque la Bible es la parole de Dieu. Dans 1 Pierre 1.15 et 16, la Bible dit :

> *Mais, de même que celui qui vous a appelés est saint, vous aussi devenez saints dans toute votre conduite, puisqu'il est écrit : vous serez saints car je suis saint.*

Qu'est-ce la Bible nous enseigne à propos du chrétien ? _____

***

Leçon 1

1.10 Selon 1 Pierre, un livre de la Bible, les chrétiens ont reçu l'ordre d'être saints.

Beaucoup de personnes ont leur propre opinion au sujet du sens de la sanctification. Certaines personnes disent qu'une personne sanctifiée devrait se couper les cheveux d'une certaine manière. D'autres disent qu'une femme sanctifiée ne devrait porter que des habits sombres et ne jamais se maquiller. D'autres encore disent qu'un adolescent qui est sanctifié ne devrait jamais faire de sport.

Si nous voulons vraiment connaître ce que Dieu dit au sujet de la sanctification, quel livre devons nous étudier ? _____

Section 2 : QU'EST-CE QUE LA SAINTETE ?

2.1 Si vous voulons comprendre ce que signifie être saint, nous devons chercher dans la Bible pour voir ce qu'elle nous dit.

A présent, nous voulons répondre à la question « Qu'est ce que la sainteté ? » Prenez votre Bible et regardez dans Marc 12.30-31. Une fois que vous avez trouvé ces deux versets, prenez le temps de les écrire ci-dessous : _____

_____

_____

_____

_____

_____

_____

***

2.2 Selon Marc 12.30, qui devons-nous aimer ? _____

***

2.3 Marc nous dit que nous devons aimer Dieu. Mais nous ne devons pas l'aimer juste un peu. En réalité, il nous est dit qu'une personne sanctifiée aimera Dieu de tout son cœur, de toute son âme, de toute sa pensée et de toutes ses forces.

Selon Marc, comment une personne sanctifiée devrait-elle aimer Dieu ? _____

_____

_____

***

2.4 Les personnes sanctifiées doivent aimer Dieu de tout leur cœur, de toute leur âme, de toute leur pensée et de toute leur force. Autrement dit, elles doivent aimer Dieu de tout leur être.

Qui est-ce qui devraient aimer Dieu de TOUT leur être ? _____

***

2.5 Les chrétiens, supposés être saints, doivent aimer Dieu de tout leur cœur, de toute leur âme, de toute leur pensée et de toutes leurs forces.

Vous trouverez quatre cœurs ci-dessous. Entourez d'un cercle le cœur qui représente aimer Dieu de tout son être.

♥	♥	♥	♥
10%	25%	75%	100%

***

2.6 Une personne qui est sainte aimera le Seigneur Dieu de tout son cœur. Cela signifie qu'il soumet à 100 % son cœur à Dieu. Elle est totalement consacrée au Seigneur.

Quand j'étais petit, j'avais un professeur que j'aimais vraiment beaucoup. Je l'aimais tellement que j'essayais de faire tout ce qui lui faisait plaisir. Lorsqu'il donnait un devoir, je faisais tout mon possible pour le faire convenablement. Et un jour quelqu'un est venu vers moi et m'a dit : « Jim, est ce que tu réalises que tu commences à marcher et à parler comme ton professeur ? »

Pourquoi essayais-je de plaire à mon professeur ? _____

***

2.7 J'essayais de plaire à mon professeur parce que je l'aimais. En fait, je l'aimais tellement que je désirais être comme lui. De la même manière, quand je suis devenu chrétien, j'ai découvert que j'étais rempli d'un immense amour pour Dieu. Je désirais faire tout ce qui était en mon pouvoir pour lui plaire. Je voulais être comme lui. Mon pasteur me confia que la sainteté, c'est d'avoir un amour si grand pour Dieu que nous désirons ardemment lui ressembler.

Lire Matthieu 12.31. Qui d'autre une personne sainte doit-elle aimer ? _____
_____

***

—

2.8 Une personne sainte obéira aux deux commandements donnés dans Marc 12.30 et 31.

Elle aimera Dieu et Elle aimera son prochain

C'est cela la sainteté. C'est aimer Dieu de tout notre cœur, de toute notre âme, de toute notre pensée et de toutes nos forces. C'est également aimer notre prochain.

Comment appelons-nous le fait d'aimer Dieu de tout son être ainsi que son prochain comme soi même ? _____
_____

***

2.9 La sainteté c'est d'aimer Dieu de tout son cœur, de toute son âme, de toute sa pensée, de toutes ses forces et aussi son prochain comme soi-même.

Sam aimait se tenir debout dans l'église pour témoigner de son amour pour Dieu. Pourtant la plupart des personnes de l'église savaient que Sam n'aimait pas Henri. En réalité, Sam avait même dit à certaines personnes de l'église qu'il détestait Henri.

Pensez-vous que Sam était une personne sainte ? _____

Justifiez votre réponse. _____

_____

***

2.10 Bien que Sam témoignait publiquement qu'il aimait Dieu, il détestait Henri. Si Sam était vraiment saint, il aurait aimé Dieu *et* Henri.

Pouvez-vous vous rappeler à quel endroit de la Bible, on trouve une définition simple de la sainteté ? _____

Qui est-ce qu'une personne sainte aimera ? _____

***

2.11 Marc 12.30 et 31 nous donne une définition simple de la sainteté. Ces versets nous disent qu'une personne sainte aimera Dieu et son prochain.

Il serait avantageux de mémoriser ces deux versets. Prenez le temps de le faire maintenant.

Lorsque vous serez certain de connaître ces deux versets par cœur, écrivez-les dans l'espace ci-dessous : _____

_____

_____

_____

_____

Section 3 : LA SAINTETE DE DIEU

3.1 Du début à la fin, la Bible nous dit que Dieu est saint. Esaïe l'a appelé : « Le Très Saint. » Selon Jean dans le livre d'Apocalypse, les quatre créatures qui entourent le trône de Dieu

> *... ne cessent de dire jour et nuit : saint, saint, saint est le Seigneur Dieu, le Tout Puissant qui était, qui est et qui vient ! (Apocalypse 4.8)*

Commençons à regarder à la sainteté de Dieu. Prenez votre Bible et lisez 1 Pierre 1.15-16.

***

3.2 Selon 1 Pierre 1.15-16 les croyants doivent être saints parce que Dieu est saint. La sainteté commence avec Dieu. Dans l'Ancien Testament, le prophète Amos a déclaré :

> *Le Seigneur, L'Eternel, l'a juré par sa sainteté ... (Amos 4.2)*

En un mot, Amos voulait dire que la sainteté commence avec Dieu, il est le Très Saint.

Avec qui commence la sainteté ? _____

***

3.3 La sainteté commence avec Dieu. Cela signifie que Dieu est saint. Quand la Bible dit que Dieu est saint, ceci veut dire trois choses importantes :

> 1. Dieu est distinct de sa créature.
> 2. Dieu est glorieux.
> 3. Dieu est pur.

Quelle est la première chose importante que la sainteté de Dieu nous apprend sur Dieu lui-même ? _____

***

3.4 Quand nous disons que Dieu est saint, nous voulons faire comprendre une chose : Dieu est distinct de sa créature. Cela veut dire que Dieu est séparé de ses créatures (ou dépasse et domine sur tout). Par exemple, Dieu qui est le Très Saint, s'est également mis à part pour montrer sa volonté de s'opposer aux autres dieux imaginaires. Exode 15.11 dit :

> *Qui est comme toi parmi les dieux, ô Eternel ? Qui est comme toi magnifique en sainteté, redoutable et digne de louange, opérant des miracles ?*

La nature divine est différente de la nôtre. Dieu est celui qui est incréé alors que nous, nous avons été créés. Ceci le distingue de l'homme, car il est différent de l'homme.

Lorsque nous disons que Dieu ne ressemble pas à l'homme, ni aux animaux ni même aux autres dieux imaginaires, que voulons-nous dire ? _____

***

3.5 Un des aspects de la sainteté de Dieu se révèle dans sa différence avec ses créatures. La Bible déclare que Dieu est l'incomparable (Esaïe 40.25), celui qui est un contraste absolu par rapport à l'homme (Osée 11.9) et celui qui est exalté (Esaïe 57.15). Tout cela montre que Dieu est séparé de sa créature et de sa création. Il est distinct. En un mot, Dieu est à part.

Qui est séparé de l'homme à cause de sa sainteté ? _____

***

3.6 Dieu, dans sa sainteté, s'oppose à l'homme. Ceci signifie qu'il est différent de toute la création puisque lui-même n'est pas un être créé. Esaïe 40.25 dit :

> *A qui me comparerez-vous, pour que je lui ressemble ? Dit le Saint.*

Dans l'Ancien Testament, Moïse dit à Pharaon :

> *... Nul n'est semblable à l'Eternel, notre Dieu. (Exode 8.6)*

Le Roi David dit :

> *Que tu es donc grand, Eternel Dieu ! car nul n'est semblable à toi, et il n'y a point d'autre Dieu que toi ... (2 Samuel 7.22)*

Quelle déclaration importante fit le roi David concernant la sainteté de Dieu ? _____
_____

***

3.7 Le Roi David reconnaissait que Dieu est distinct. C'est une caractéristique de sa sainteté. C'est ce que Dieu disait à Osée lorsqu'il déclare :

> *... car moi je suis Dieu, et non pas un homme, je suis le Saint au milieu de toi ... (Osée 11.9)*

Peter Bonnard écrivit :

> *Il est le Saint ; nul n'est saint comme lui ! Il est entièrement autre, l'insaisissable, l'indiscernable, l'insondable.*

Quand Anna apprit que Dieu est distinct de nous, elle devint très triste. Elle pensa que cela voulait dire que Dieu était donc très distant d'elle. Pour Anna, si Dieu était ainsi distant de nous cela signifiait également qu'il ne s'intéressait ni à elle ni aux personnes qu'il avait créées.

Le fait que Dieu soit distinct de nous signifie t-il qu'il ne s'intéresse pas à nous ? _____

Justifiez votre réponse _____
_____

***

3.8 Il existait dans le passé un groupe de personnes qui enseignait qu'après avoir créé le monde, Dieu décida de faire un long voyage. Il partit tellement loin qu'il finit par oublier le monde qu'il avait lui-même créé.

Mais, ce n'est pas du tout ce que la Bible veut dire lorsqu'elle enseigne que Dieu est distinct. Même si la sainteté met une séparation entre Dieu et l'homme, nous ne devrions pas comprendre ceci comme un « éloignement » de l'homme.

Qui est-ce qui est toujours proche ? _____

***

3.9 Dieu est différent de sa création, mais il est toujours présent en elle. Voilà ce que veut dire la Bible en déclarant que Dieu est glorieux. Malgré sa différence avec sa création, Dieu éprouve encore un grand amour pour elle.

Pouvez-vous vous rappeler d'un verset de la Bible qui parle de l'amour de Dieu pour le monde ? Si vous vous en souvenez, notez-le dans l'espace ci-dessous. Soyez prêt à partager ce passage avec la classe. _____
_____

_____

_____

_____

***

3.10 Jean 3.16 est un verset merveilleux qui nous raconte combien Dieu aime le monde.

Il existe un autre passage qui nous parle de la séparation de Dieu et de l'homme et aussi de sa proximité avec l'homme, celui-ci s'appelle, « Le Cantique de Moise. » Dans ce cantique Dieu est loué comme l'Etre unique et cependant, il est à la fois si intimement lié à la vie de sa création. Dieu y est révélé comme intervenant dans l'histoire du salut de l'homme.

Qui est comme toi parmi les dieux, ô Eternel ? Qui est comme toi, magnifique en sainteté, redoutable et digne de louanges, opérant des miracles ? (Exode 15.11)

Parlant de la sainteté de Dieu, nous ne nous contentons pas de dire que Dieu est à part. Nous ajoutons qu'il est glorieux. Esaïe 6.3 dit :

... Saint, saint, saint est l'Eternel des armées ! toute la terre est pleine de sa gloire.

Selon Esaïe, de la gloire de qui la terre entière est-elle remplie ? _____

***

3.11 Esaïe dit que la terre entière est remplie de toute la gloire de Dieu.

Le mot gloire signifie en réalité : être resplendissant, briller. Ainsi, lorsque nous disons que la gloire est un caractère manifesté de la sainteté de Dieu, nous désignons la présence redoutable qui resplendit sur sa création. Cela signifie que, malgré la séparation, la gloire de Dieu brille en avant pour permettre à l'homme de comprendre qu'il demeure tout près de lui.

Aujourd'hui, nous avons découvert deux aspects de la sainteté de Dieu. Pouvez-vous vous rappeler lesquels ? Citez- les ci-dessous.

1. _____

2. _____

***

3.12 Quand nous parlons de la sainteté de Dieu, nous exprimons trois faits au sujet de Dieu :

> 1. Dieu est distinct de sa créature.
> 2. Dieu est glorieux.
> 3. Dieu est pur.

Dieu est à a part parce qu'il n'est pas comme sa création. Il est plus grand que sa création, et sa création ne peut être comparable à lui.

Quand nous disons que Dieu est glorieux, nous voulons dire qu'il est présent au milieu de nous. Il n'a pas crée le monde pour ensuite l'abandonner. Au contraire, Dieu est proche de sa création.

Prenez votre Bible et lisez 1 Rois 8.10-11.

***

3.13 Dans 1 Rois 8.10-11 nous lisons quelque chose au sujet de la dédicace du temple que Salomon avait fait construire pour Dieu.

D'après ces versets, qu'est-ce qui remplissait le temple ? _____

3.14 L'auteur de 1 Rois a écrit :

> *... la nuée remplit la maison de l'Eternel ... car la gloire de L'Eternel remplissait la maison de l'Eternel. (1 Rois 8.10-11)*

En d'autres termes, le peuple pouvait voir et expérimenter la présence redoutable et glorieuse de Dieu.

Quand Moïse conduisait le peuple d'Israël vers la terre promise, il s'éloignait parfois pour être seul avec Dieu. Un jour qu'il revenait d'une rencontre avec le Seigneur, les israélites remarquèrent quelque chose de différent en lui. Son visage rayonnait de lumière. Les Israélites savaient que Moïse avait été dans la présence de Dieu parce qu'ils pouvaient voir la sainteté de Dieu se refléter sur le visage de Moïse.

Lorsque le visage de Moïse rayonnait avec éclat, cela montrait aux israélites qu'il avait été dans la présence de qui ? _____

***

3.15 L'idée que nous voulons exprimer à travers la sainteté de Dieu c'est son caractère glorieux. C'est à dire sa présence, que l'homme peut expérimenter. Le visage de Moïse irradiait de lumière due à la présence de Dieu. La nuée qui remplissait le temple était un autre signe de la glorieuse présence de Dieu.

Dire que Dieu est glorieux signifie qu'il a une nature magnifique, parfaite, et admirable. Et c'est pourquoi il est digne de louanges, d'adoration, et de gloire.

Qui est digne d'être loué par l'homme à cause de sa gloire ? _____

***

3.16 Dieu est gloire. Psaumes 19.1 dit :

> *Les cieux racontent la gloire de Dieu ...*

La sainteté de Dieu signifie qu'il est également pur. C'est à dire que Dieu ne connaît pas le mal.

Que voulons-nous dire en disant que Dieu ne connaît pas le mal ? _____

***

3.17 En disant Dieu est saint, notre pensée est qu'il est également pur. Comme un pasteur l'a dit, « Dieu est propre! »

Qui est pur, en plus d'être distinct et glorieux ? _____

***

3.18 La bible nous enseigne trois choses importantes au sujet de la sainteté de Dieu.

> 1. Dieu est distinct de sa créature.
> 2. Dieu est glorieux.
> 3. Dieu est pur.

Lorsque nous disons qu'un habit est propre, nous voulons dire qu'il n'est pas sale. L'or est pur quand il est débarrassé de toutes ses scories (ou résidus). De la même manière, nous pouvons dire que la sainteté de Dieu signifie qu'il n'y a pas (une ombre) de méchanceté en lui.

Quel est le troisième élément important qu'on nous enseigne sur la sainteté de Dieu ? ___
_____

***

3.19 Dieu est pur. La pureté est un élément de la sainteté de Dieu.

Prenez votre Bible et lisez 1 Jean 2.5. Expliquez comment Jean utilise les termes « lumière » et « ténèbres », d'après votre propre compréhension. _____
_____
_____

Nous discuterons de votre réponse en classe.

***

3.20 La pureté est une condition de la sainteté. Si Dieu est saint, il est aussi forcément pur. Ceci traduit qu'il est souverain face à la faiblesse et au péché.

Qui est-ce qui est souverain face au mal ? _____

***

3.21 Dieu est pur. Ceci indique sa souveraineté sur le mal. Habacuc 1.13 :

> *Tes yeux sont trop purs pour voir le mal, et tu ne peux pas regarder l'iniquité.*

Selon Habacuc, qui a les yeux trop purs pour voir le mal ? _____

***

3.22 Les yeux de Dieu sont trop purs pour voir le mal. En d'autres termes, Dieu hait le péché. Je réalise que le mot « haïr » est (un mot) très fort pour être utilisé. Nous n'aimons pas souvent l'utiliser. Nous reprenons nos enfants quand nous les entendons dire qu'ils haïssent une personne. Pourtant, lorsque nous venons à décrire ce que Dieu ressent vis à vis du péché, seul un mot aussi fort que « haïr » convient pour exprimer ce sentiment.

Nous avons appris trois faits importants concernant la sainteté de Dieu. Pouvez-vous vous rappeler lesquels ? Citez-les.

La sainteté de Dieu = 1. Dieu est _____

2. Dieu est _____

3. Dieu est _____

Section 4 : LA SAINTETÉ DES CHOSES

4.1 Nous avons étudié la sainteté de Dieu. Nous avons appris que la sainteté de Dieu signifie qu'il est :

> 1. Dieu est distinct de sa créature.
> 2. Dieu est glorieux.
> 3. Dieu est pur.

Maintenant, nous allons apprendre que :

> 1. Certains lieux peuvent être saints.
> 2. Certains objets peuvent être saints.
> 3. Certains jours peuvent être saints.

Certains lieux, objets et certains jours étaient considérés comme saints quand ils étaient mis à part pour Dieu et son service.

Prenez votre bible et regardez dans Exode 3.5. Selon ce verset, qu'est ce qui est saint ?

_____

***

4.2 Moïse gardait le troupeau de Jéthro quand il aperçut le buisson ardent. Arrivé tout près du buisson, il entendit une voix, et celle-ci lui dit :

> *N'approche pas d'ici, ôte tes souliers de tes pieds, car le lieu sur lequel tu te tiens est une terre sainte. (Exode 3.5)*

Lisez Exode 19.23. Selon ce verset, qu'est ce qui est saint ? _____

***

4.3 La Montagne de Sinaï était sanctifiée pour Dieu.

L'idée de sainteté ne se limite pas uniquement à Dieu. Certains lieux étaient parfois également considérés saints dans la Bible. Les lieux qui considérés saints étaient ceux qui avaient été mis à part pour le culte de Dieu.

Mme Fisher avait l'habitude de dire : « J'aime me rendre à la sainte église de Dieu ! » Lorsqu' une personne lui demandait pourquoi elle ajoutait le mot « saint, » elle répondait : « Parce qu'une église doit être un lieu saint. C'est l'endroit où nous sommes appelés à accomplir les œuvres de Dieu, comme prier, louer, adorer. »

En dehors des lieux, quelles sont les autres choses que nous pouvons aussi qualifier de saintes ? _____

***

4.4 Des objets peuvent aussi être mis à part pour le service de Dieu.

Exode 30.25 nous donne l'exemple d'un objet qui fut utilisé pour le service de Dieu. Quel était cet objet ? _____

***

4.5 L'huile était un objet utilisé dans le service de Dieu. Il était utilisé pour oindre la tente de la rencontre ainsi que les ustensiles.

Exode 30.35-37 nous parle d'un autre objet qui était saint. Quel était cet objet ?

_____

***

4.6 L'encens était un autre objet utilisé dans le rite d'adoration de Dieu, aux temps de l'Ancien Testament. Un objet qui était mis à part pour l'adoration de Dieu était considéré comme un objet saint.

Dans mon église nous servons parfois le jus utilisé pour la sainte cène dans une coupe spéciale. Cette coupe est utilisée uniquement pour la sainte cène.

Est-ce que vous auriez considéré cette coupe comme sainte ? Justifiez votre réponse. ____
_____
_____

***

4.7 Nous croyons que la coupe qui est utilisée pour la sainte cène est sainte parce qu'elle est mise à part pour l'adoration de Dieu.

Combien de fois avons-nous rencontré l'expression, la sainte Bible qui se réfère à la parole de Dieu. Pourquoi pensez-vous que cela est vrai ? _____
_____

Nous discuterons de votre réponse en classe.

***

4.8 Nous avons appris jusqu'ici que des lieux et des objets peuvent être sanctifiés. Certains jours spéciaux sont aussi sanctifiés. Genèse 2.3 dit :

Et Dieu bénit le septième jour, et il le sanctifia ...

Qu'est ce que Dieu fit le septième jour ? _____

_____

***

4.9 Après avoir créé pendant six jours, Dieu se reposa le septième jour, le bénit et le sanctifia.

Prenez votre Bible et lisez Exode 20.8-11. Qu'est ce que Dieu a sanctifié d'après ces versets ? _____

***

4.10 Le Seigneur a béni et sanctifié le jour du Sabbat. Le jour du Sabbat serait différent de tous les autres jours de la semaine. Au lieu de travailler ce jour-là, les Israélites devaient fixer toute leur attention sur Dieu. Le Sabbat devait être un jour saint pour l'adoration du Seigneur Dieu.

QUESTION DE REFLEXION : Si nous considérons le dimanche comme un jour saint pour le Seigneur, quelles sont les choses que nous devrions faire le dimanche et quelles sont les choses que nous ne devrions pas faire le dimanche ? Nous discuterons de votre réponse en classe. _____

_____
_____
_____
_____
_____
_____
_____
_____
_____

***

4.11 Nous avons examiné trois choses pouvant être sanctifiées. Dites lesquelles :

1. _____ peuvent être saints.
2. _____ peuvent être saints.
3. _____ peuvent être saints.

Pourquoi certains endroits, certains objets et certains jours sont-ils déclarés saints dans la Bible ? _____

_____

LEÇON 2

Buts de la leçon :

A la fin de cette leçon, vous devriez être capable de :

    a.   Donner des exemples de personnages saints dans la Bible.

    b.   Expliquer qui Dieu a-t-il choisi pour être saint.

    c.   Décrire les trois principales caractéristiques d'une personne sainte.

    d.   Citez Hébreux 12.14 par cœur.

Section 1 : LA SAINTETE DES PERSONNES

1.1 Dans la leçon 1 nous avons appris que Dieu est saint. Ceci signifie qu'il est séparé, glorieux et pur. Nous avons également appris que certains endroits, certains objets et certains jours sont considérés comme saints dans la mesure où ils ont été mis à part pour Dieu et pour son plan.

L'Ancien Testament nous parle également de différentes personnes qui étaient saintes. Exode 29.1 dit :

> *Voici ce que tu feras pour les sanctifier, afin qu'ils soient à mon service dans le sacerdoce.*

Selon ce verset, qui est-ce que Dieu choisit pour être consacré ? _____

***

1.2 Dieu veut des prêtres qui lui soient consacrés. Le mot consacré veut dire « rendu saint. » En d'autres termes, les prêtres qui servaient Dieu devaient être saints.

Prenez votre Bible et lisez 2 Rois 4.8-10. Selon la Sunamite, qui était un saint homme ? _

_____

1.3 La Sunamite dit à son mari « Voici, Je sais que cet homme qui passe toujours chez nous est un saint homme de Dieu. » (2 Rois 4.9) Elle parlait d'Elisée.

Selon 2 Rois 3.11, qui était Elisée ? _____

***

1.4 Elisée était un prophète de Dieu. Un véritable prophète de Dieu devait être saint. Le Seigneur dit à Jérémie :

Leçon 2

Avant que je t'eusse formé dans le ventre de ta mère, je te connaissais, et avant que tu fusses sorti de son sein, je t'avais consacré, je t'avais établi prophète des nations. (Jérémie 1.5)

Qu'est ce que Dieu avait déterminé Jérémie à devenir ? _____

***

1.5 Dieu avait décidé que Jérémie serait son prophète.

Avant même la naissance de Jérémie, qu'est ce que Dieu lui avait fait ? _____

_____

***

1.6 Dieu dit à Jérémie qu'il l'avait mis à part avant même sa naissance.

L'expression « mis à part » est une autre manière de dire que Jérémie avait été rendu saint. Il avait été mis à part pour Dieu et pour l'accomplissement de ses desseins.

Prenez votre Bible et lisez Actes 13.2. Qu'est ce que le Saint Esprit voulait de Paul et de Barnabas ? _____

_____

***

1.7 Selon Actes, Paul et Barnabas devaient être mis à part.

Pourquoi devaient-ils être mis à part ? _____

***

1.8 Paul et Barnabas furent mis à part pour l'œuvre à laquelle Dieu les avait appelés Autrement dit, ils devaient être sanctifiés d'abord, pour que Dieu puisse les utiliser efficacement afin de répandre le message de l'Evangile.

Dans la Leçon 1, nous avons retenu que certains objets, certains jours et certains endroits sont déclarés saints dans la Bible. En nous basant sur cette leçon, existe t-il d'autres choses que nous pouvons qualifier de saintes ? _____

***

1.9 La Bible mentionne également quelques personnes qui étaient saintes.

Dans Exode 28, la Bible parle au sujet des vêtements qui étaient confectionnées spécialement pour les sacrificateurs. Parmi les articles qu'ils devaient confectionner pour Aaron, il y avait un turban sur lequel devait être fixé une plaque en or pur. Sur cette plaque devait être gravée une inscription que tout le monde pouvait lire.

Selon Exode 28.36, quelle était cette inscription ? _____

***

1. 10 Aaron, le prêtre, devait porter un turban sur lequel était inscrit ce message : « *Sainteté à L'Eternel.* » L'inscription était une annonce publique que Aaron était un saint prêtre du Dieu Saint.

Nous retenons quatre choses saintes selon la Bible. Citez-les :

1. _____   2. _____

3. _____   4. _____

Section 2 : LES CROYANTS DOIVENT ETRE SAINTS

2.1 La Bible nous énumère certains objets, certains endroits, certains jours et certaines personnes identifiés comme étant saints.

Maintenant, nous désirons apprendre une leçon importante :

> Tous les croyants ont reçu le commandement d'être saints.

En se basant sur la leçon d'aujourd'hui, quel commandement tous les croyants ont-ils reçu ? _____

***

2.2 Dieu ordonne à chaque chrétien de vivre une vie de sainteté. Cet appel à vivre une vie de sainteté ne s'adresse pas uniquement aux pasteurs, aux missionnaires, aux moniteurs d'école du Dimanche ou à certaines personnalités saintes de la Bible. Tout croyant est appelé à être saint, quel que soit l'endroit où il vit ou la langue qu'il parle.

Selon la Bible, qui est appelé à vivre une vie de sainteté ? _____

2.3 Dieu a appelé chaque chrétien à la sainteté. La vie de sainteté n'est pas réservée à quelques chrétiens mais elle est pour quiconque confesse sa foi en Jésus Christ.

Un jour à l'église, le pasteur Steve prêchait au sujet de la sanctification. Après le culte quelqu'un entendit Thomas dire : « Je ne suis pas un responsable dans l'église. Donc, je n'ai pas besoin d'être saint ! »

Etes vous d'accord avec la déclaration de Thomas ? _____

Justifiez votre réponse : _____
_____

***

2.4 Toute personne qui se dit croyante est appelée à la vie sainte. Peu importe que cette personne soit un responsable dans l'église ou non. Lévitique 20.26 déclare :

> « Vous serez saints pour moi, car je suis saint, moi, l'Eternel ... »

Qui Dieu appelle t-il à la sainteté ? _____

***

2.5 L'appel de Dieu à la sainteté est pour tous les croyants. La Bible est très claire à ce sujet. Les croyants doivent mener une vie sainte. C'est une réalité et une expérience merveilleuses de vivre comme des personnes ayant reçu la grâce, comme des rachetés, des justifiés, ou ayant obtenu le don du salut, comme de nouvelles créatures en Jésus-Christ. Mais, ce qui suit l'expérience du salut est aussi très important. Lorsqu'une personne est sauvée, elle doit poursuivre sa marche spirituelle vers la sanctification.

Lorsqu'une personne est sauvée, quel genre de vie doit-elle vivre ? _____

***

2.6 Après le salut, les croyants ont le privilège de croître dans la grâce de Dieu et de vivre une vie de sainteté. Le commandement de vivre une vie de sainteté a été donné à tous les croyants. Jerry Bridges a écrit :

> *Chaque chrétien de chaque nation, qu'il soit riche ou pauvre, lettré ou illettré, célèbre ou totalement inconnu est appelé à vivre une vie de sainteté.*

Quelle sorte de vie le croyant est-il appelé à vivre ? _____

***

2.7 Les chrétiens ont reçu l'ordre d'être saints. Les auteurs de la Bible exhortaient continuellement les chrétiens à rechercher la sainteté. L'apôtre Paul écrivit aux croyants de Corinthe qu'ils avaient besoin de se purifier de toute souillure qui contamine soit le corps, soit l'esprit, afin d'atteindre la sanctification. (2 Corinthiens 7.1)

Qui Paul exhortait-il à rechercher la sanctification ? _____

***

2.8 Paul écrit aux croyants de Corinthe et c'est par de vives exhortations qu'il leur demande de vivre une vie sainte pour le Seigneur.

Quelqu'un a dit : « Paul ne s'adressait pas à moi. C'est aux chrétiens de Corinthe qu'il écrivait il y a très longtemps de cela. Ce n'est pas parce qu'ils devaient être saints que cela signifie que je dois l'être aussi. »

Si vous pouviez parler à cette personne, que lui diriez vous ? _____
_____

***

2.9 Prenez votre Bible et lisez Hébreux 12.14. En nous référant à ce verset, que devons-nous faire si nous voulons voir Dieu ? _____

***

2.10 L'auteur de l'Épître aux Hébreux déclare :

> *... la sanctification, sans laquelle personne ne verra le Seigneur.*

L'appel à la sainteté est dirigé vers toute personne qui se dit chrétien. Ceci signifie que si vous êtes chrétien, vous avez reçu l'ordre d'être saint.

Hébreux 12.14 est vraiment un bon verset à mémoriser. Prenez le temps de le mémoriser. Lorsque vous serez sûr de le connaître par cœur, écrivez-le dans l'espace ci-dessous.

_____

_____

_____

Section 3 : LES TROIS PRINCIPALES CARACTERISTIQUES D'UNE PERSONNE SAINTE

3.1 Dieu a ordonné à tous les croyants d'être saints. Cela nous est dit dans Hébreux 12.14

Recherchez la paix avec tous, et la sanctification, sans laquelle personne ne verra le Seigneur.

Lévitique 19.2 nous dit :

Soyez saints, car je suis saint, moi, l'Eternel votre Dieu.

Si nous désirons voir le Seigneur, comment devons-nous être ? _____

***

3.2 A travers toute la Bible, nous notons des versets qui nous commandent d'être saints. En fait, l'auteur de l'Epître aux Hébreux nous dit que « sans la sanctification, personne ne verra le Seigneur. »

Un jour, une personne de mon église m'a dit : « Jim, tu as beaucoup prêché au sujet de la sanctification. Mais quelles sont les caractéristiques d'une personne sainte ? »

Si quelqu'un vous posait cette question, quelle réponse lui donneriez-vous ? _____

_____

_____

_____

***

3.3 Je répondrai de la manière suivante : Il y a trois principales caractéristiques chez une personne sainte :

> 1. Une personne sainte est mise à part pour Dieu.
> 2. Une personne sainte est pure.
> 3. Une personne sainte vit une vie de sainteté.

Quelle est la première caractéristique d'une personne sainte ? _____

***

3.4 L'une des caractéristiques principales d'une personne sainte c'est qu'elle est mise à part pour Dieu. Nous avons déjà appris que les prophètes dans l'Ancien Testament étaient des hommes mis à part pour Dieu. Dans le Nouveau Testament, nous avons appris que Paul et Barnabas étaient également mis à part pour Dieu et pour son œuvre.

Pour qui une personne sainte est-elle mise à part ? _____

***

3.5 L'une des caractéristiques principales d'une personne sainte, c'est qu'elle est mise à part pour Dieu. Elle est totalement consacrée à Dieu et à son œuvre.

A qui une personne sainte est-elle consacrée ? _____

***

3.6 Une personne sainte est une personne consacrée à Dieu. Ceci signifie qu'elle est mise à part. Il n'a aucun désir de suivre le monde ou les autres ou mêmes ses penchants personnels. Son seul désir est de suivre le Seigneur, Jésus-Christ et ses commandements.

Frances Kidley Havergal a écrit un cantique qui commence par ces mots :

> *Seigneur, prends ma vie, et qu'elle soit toute à toi.*

Qui est-ce qu'un saint désire-t-il suivre à chaque instant ? _____

***

3.7 Un saint veut suivre Dieu et son chemin. Ceci veut dire qu'il soumet entièrement sa vie à Dieu. Par conséquent, il offre son temps, ses talents, ses paroles, ses biens matériels, son intelligence, sa volonté et son cœur à Dieu. Autrement dit, il offre tout son être et tout ce qu'il possède à Dieu.

Quelle est la caractéristique qui prévaut chez un saint ? _____

***

3.8 Une des premières caractéristiques d'un saint, c'est qu'il est mis à part pour Dieu. Il abandonne entièrement sa vie à son créateur.

Un jour, le Pasteur Nkosi a dit à son église : « Dans l'Ancien Testament Dieu exigeait que les Israélites lui présentent sur l'autel des sacrifices d'animaux. De nos jours, nous n'avons plus besoin d'offrir des sacrifices d'animaux, mais nous devons toujours offrir quelque chose à Dieu. » Le Pasteur Nkosi a ensuite demandé à l'assemblée : « Savez-vous ce que c'est ? »

Qu'auriez-vous répondu au Pasteur Nkosi ? _____

***

3.9 Un membre de l'église du Pasteur Nkosi a levé la main pour répondre ceci : « Nous devons offrir notre argent à Dieu ! »

Le Pasteur Nkosi lui a dit : « C'est vrai, mais Dieu nous réclame quelque chose de beaucoup plus essentiel que l'argent. »

Quelqu'un d'autre a répondu : « Dieu veut que nous lui consacrions notre temps. »

A nouveau, le Pasteur Nkosi a répondu : « C'est vrai, mais Dieu nous réclame quelque chose de beaucoup plus essentiel que notre temps. Dieu veut que nous nous offrions à Lui ! Et sa volonté est que notre corps soit un sacrifice vivant pour lui. Mais la majorité d'entre nous ne veut pas offrir son corps comme un sacrifice à Dieu. Ils disent au Seigneur qu'ils peuvent bien lui offrir leurs mains, mais pas le reste de leur corps. Ou encore, qu'ils peuvent bien lui offrir leurs oreilles, mais pas leur bouche, ni leurs yeux, ni leurs pieds. Ils veulent donner juste une partie de leur corps à Dieu. »

Quel pourcentage de lui-même un saint donnera-t-il à Dieu ? _____

***

3.10 Un saint désire consacrer sa vie entière à Dieu. Il lui offre son cœur, son âme, ses pensées, sa force et tous ses biens matériels afin qu'Il s'en serve pour sa gloire.

L'apôtre Paul nous dit :

> *Je vous exhorte donc, frères, par les compassions de Dieu à offrir vos corps comme un sacrifice vivant, saint, agréable à Dieu. (Romains 12.1)*

A qui un saint doit-t-il consacrer sa vie ? _____

***

3.11 La première caractéristique d'un saint est qu'il est séparé pour Dieu. La deuxième, c'est sa pureté. La vie de sainteté est une vie de pureté.

Quelle est la deuxième caractéristique essentielle d'un saint ? _____

***

3.12 Un saint mène une vie de pureté. 1 Thessaloniciens 4.7 dit :

> *Car Dieu ne nous a pas appelés à l'impureté, mais à la sanctification.*

Selon l'auteur de 1 Thessaloniciens, a quoi ne sommes-nous pas appelés ? _____
_____

***

A quel genre de vie sommes-nous appelés ? _____

***

3.13 La parole du Psalmiste dit

> *Purifie-moi avec l'hysope, et je serai pur ; lave-moi et je serai plus blanc que la neige. (Psaumes 51. 9)*

Leçon 2

L'apôtre Paul écrivit à Timothée et lui dit ceci :

... Conserve-toi pur. (1 Timothée 5. 22)

Quel genre de vie un saint désire-il vivre ? _____

***

3.14 Les saints désirent vivre une vie pure.

Le mot « pur » dans la Bible a deux sens. Une chose était dite pure quand elle n'était pas mélangée à un autre corps étranger.

Si une personne vous demande de l'eau pure à boire, qu'est-ce que cela veut dire ? _____
_____

***

3.15 Lorsque quelqu'un dit qu'il voudrait boire de l'eau pure, il veut dire de l'eau qui ne contient rien de ce qui n'est pas supposé être dedans comme par exemple des saletés ou des microbes. La nourriture pure ne contient ni souillures, ni poison. Du métal pur ne contient ni déchet, ni mélange. L'air qui est pur n'a pas subi de pollution. Au plan spirituel, c'est pareil, une personne sainte souhaite avoir dans son cœur que ce que Dieu a prévu d'y mettre. Son unique désir est d'être inondée par les choses approuvées et agrées par Dieu.

Comment appelle-t-on une personne qui désire être rempli des choses agréables à Dieu ?
_____

***

3.16 Une personne qui vit une vie pure est celle qui veut être uniquement remplie des choses qui plaisent à Dieu.

Un jour, j'étais allé rendre visite à un ami. Il m'offrit du thé. Pendant que je versais le thé dans ma tasse, mon hôte m'arrêta pour me dire : « il faut utiliser un filtre lorsque tu verses le thé. »

Pourquoi pensez-vous que mon ami m'a dit d'utiliser un filtre ? _____
_____
_____

***

3.17 Mon ami savait que si je n'utilisais pas le filtre, je verserais et les feuilles de thé et le thé en même temps dans ma tasse. Par contre, si je filtrais le thé, lui seul passerait dans la tasse.

Nous pouvons donc dire qu'une personne est pure si sa vie a été filtrée, par la grâce de Dieu afin qu'aucune malveillance n'y soit trouvée.

Qu'est-ce qu'un saint ne désire pas avoir dans sa vie ? _____

***

3.18 Une personne qui vit une vie pure mène une vie qui plaît à Dieu. Il ne voudra sûrement pas laisser entrer dans sa vie des choses en sachant qu'elles ne sont pas agréables à Dieu. Au contraire, un saint cherchera à avoir dans sa vie uniquement les choses que Dieu agrée.

Quel vie un saint aura-t-il hormis de mener une vie séparée pour Dieu ? _____

***

3.19 Nous avons appris qu'un saint mène une vie pure. Ceci laisse entendre qu'il a résolu de combler sa vie avec les choses que Dieu approuve. Ainsi, au lieu de marcher selon le monde, il marchera selon les commandements de Dieu. Il a le désir de voir sa vie purifiée de tous ses péchés, car il sait que Dieu hait le péché.

Quelle est la deuxième caractéristique d'un saint ? _____

***

3.20 La Bible mentionne souvent le commandement que Dieu a donné à son peuple de mener une vie pure. Nous avons besoin de nous débarrasser de tout ce qui déplaît à Dieu dans notre vie.

D'après John Wesley, toutes les impuretés du cœur, toutes les pensées et les actions immorales, tout orgueil, tout rancœur, toute méchanceté et tous les désirs qui tentent d'éloigner l'homme de Dieu doivent être bannis de notre vie. Le désir du croyant doit se porter sur Dieu. Cela doit se manifester par une faim et une soif de la justice de Dieu. L'appel des croyants consiste à aimer Dieu de tout leur cœur, de toute leur âme et de toute leur force. (Cox, p. 121)

Quelles sont les choses qu'une personne vivant dans la sainteté, tente de bannir de sa vie ?

_____

***

3.21 Vous aviez la possibilité de donner des réponses différentes. Soit, vous avez peut-être dit qu'un saint ne veut pas du péché dans sa vie, soit vous avez dit qu'un saint ne veut rien faire qui déplaise à Dieu. Les deux réponses sont correctes puisque le péché déplaît à Dieu.

Paul dit dans Romains 6.11, si vous voulez être saints, vous devez vous ...

... regarder comme morts au péché, et comme vivants pour Dieu en Jésus-Christ.

Notez la deuxième grande caractéristique d'une personne sainte sur cette ligne. _____

_____

***

3.22 Le mot « pur » a une autre signification. Selon William Barclay, le mot grec pour dire pur est composé de deux autres mots. L'un veut dire « lumière du soleil » et l'autre veut dire « juger. » En rassemblant ces deux mots, on obtient alors la description de quelque chose qui peut résister aux effets de la chaleur du soleil. Barclay dit que le mot pur décrit donc, « quelque chose qui ne révèle aucune défectuosité ou imperfection, » malgré son exposition à une lumière éclatante, (*New Testament Words,* p. 67)

Avez-vous déjà essayé d'acheter un objet dans un lieu où il faisait très sombre ? _____

Pouviez-vous le regarder avec facilité ? _____

***

3.23 Un jour, alors que je visitais un village à Lebowa, j'entrai dans une case où se vendaient des pots en argile. Lorsque mes yeux se furent accoutumés à l'obscurité, je remarquai qu'il devait y avoir plus de 50 pots en argile dans cette pièce. Je commençai à examiner les variétés de pots pour décider lequel j'allais acheter. Au bout d'un certain temps, mon choix se porta enfin sur un pot avec de jolis dessins. Juste au moment où j'allai payer, mon ami m'arrêta et me dit : « Avant d'acheter ce pot, je te suggère d'aller l'examiner à la lumière. »

D'après vous, pourquoi mon ami m'a-t-il fait cette suggestion d'aller regarder ce pot à la lumière du soleil ? _____

_____

***

3.24 Je décidai de suivre l'idée de mon ami, ensuite, nous sommes sortis pour mieux le voir à la lumière du jour. En pleine lumière, le pot ne paraissait pas aussi joli que dans l'obscurité de la case. En fait, je remarquai même des fêlures soigneusement cachées par la peinture.

L'idée de pureté soulève les questions suivantes :

> Nos pensées les plus secrètes sauraient-elles résister (si elles étaient exposées) à la pleine lumière du jour ?

> Nos motivations secrètes sauraient-elles tenir encore si elles étaient révélées en plein jour à notre entourage ?

> La plus importante question est : Est-ce que nos pensées les plus intimes et les intentions de notre cœur pourraient passer le test à la lumière du regard de Dieu ?

Jusqu'à présent, nous avons étudié les deux principales caractéristiques d"une personne sainte. Ecrivez ci-dessous lesquelles :

1. _____ 2. _____

***

3.25 Une personne sainte vit une vie consacrée à Dieu et pure également.

La pureté d'un saint est une pureté qui a été « filtrée » de sorte qu'il n'y a aucune trace de mal en elle. Cette personne n'a rien à cacher, et ses pensées de même que ses désirs les plus intimes peuvent être révélées, exposées à la lumière de la grâce de Dieu.

Lorsque nous disons que le mal a été détruit dans la vie d'une personne, nous disons que sa vie est comment ? _____

Lorsque nous affirmons que les pensées et les désirs intimes d'une personne peuvent supporter le regard pénétrant de Dieu, nous disons que sa vie est comment ? _____

_____

***

3.26 Lorsque la Bible fait référence à une personne pure, ceci veut dire que la méchanceté n'est pas en elle, que toutes ses pensées, ses désirs et ses motivations peuvent supporter d'être exposées à la lumière révélatrice de Dieu.

La troisième caractéristique d'une personne sainte est qu'elle vit une sainteté authentique. Autrement dit, ses actions témoignent qu'elle est réellement sainte. Par sa vie, les autres pourront savoir qu'elle aime véritablement Dieu et qu'elle marche dans l'obéissance au commandement divin, d'aimer son prochain.

Qu'est ce qu'une personne sainte peut démontrer à travers ses actions ? _____

_____

***

3.27 Par ses actions, une personne peut démontrer qu'elle aime réellement Dieu et son prochain. C'est ce que nous voulons dire en déclarant qu'une personne sainte donne le témoignage de la vie de sainteté.

Thomas aimait raconter qu'il fréquentait une église où on prêchait la sainteté. Il témoignait également qu'il était lui-même une personne sainte. Mais un jour, Thomas a été surpris en ville en train d'insulter un petit garçon. Il était en colère parce que le petit garçon avait accidentellement éclaboussé son pantalon avec de la boue.

Pensez-vous que les paroles de Thomas étaient conformes à ses actes ? _____

Justifiez votre réponse. _____

_____

***

3.28 Nous pouvons déclarer autant que nous voulons, que nous sommes des personnes saintes, mais si nos actions contredisent nos paroles, personne ne nous croira. La sainteté n'est pas une chose qu'il suffit d'exprimer avec des mots. Au contraire, en tant que chrétiens, la sainteté devrait être manifeste dans nos vies, nous devons la vivre.

Quelle est la troisième caractéristique d'une personne sainte ? _____

_____

***

3.29 Une personne sainte mène une vie qui témoigne de la sainteté. Ezéchiel 33.32 dit :

Voici, tu es pour eux comme un chanteur agréable, possédant une belle voix, et habile dans la musique. Ils écoutent tes paroles, mais ils ne les mettent pas en pratique.

De quoi le prophète Ezéchiel accuse-t-il le peuple au sujet duquel il écrit ? _____

_____

***

3.30 Ezéchiel écrivait à des personnes qui voulaient recevoir les bénédictions de Dieu sans vivre une vie de sainteté. Ils aimaient écouter la Parole mais n'aimaient pas la mettre en pratique. Les gens allaient souvent vers le prophète Ezéchiel pour recevoir une parole de la part du Seigneur. Malgré qu'ils trouvaient ses paroles agréables et réconfortantes, ils n'y attachaient aucune valeur pour leur vie personnelle. Ces personnes écoutaient mais ne prêtaient aucune attention aux paroles.

En tant que croyants, que devons-nous démontrer ? _____

***

3.31 Tous les chrétiens ont reçu le commandement de vivre une vie de sainteté.

Le Seigneur Jésus-Christ a dit :

Ceux qui me disent Seigneur, Seigneur ! N'entreront pas tous dans le Royaume des cieux, mais celui-là seul qui fait la volonté de mon Père qui est dans les cieux.

Nous avons étudié les trois principales caractéristiques d'une personne sainte. Citez-les en dessous :

1. Une personne sainte est _____

2. Une personne sainte est _____

3. Une personne sainte est _____

LEÇON 3

Buts de la leçon

A la fin de cette leçon vous devriez être en mesure de :

  a. Décrire trois importantes leçons sur le péché

  b. Expliquez pourquoi il est important d'avoir une bonne compréhension du péché

  c. Expliquez comment la Bible définit le péché

  d. Expliquez deux caractéristiques importantes du péché

  e. Expliquez ce que des saints doivent faire face à leur nature charnelle

Section 1 : LE PECHE

La semaine passée nous avons étudié les trois principales caractéristiques d'un saint. Premièrement, un saint est mis à part pour Dieu. Deuxièmement, un saint est pur. Troisièmes, un saint vit une vie de sainteté.

Avant d'aller plus loin dans notre étude sur la sainteté, nous devons prendre le temps de comprendre la relation existant entre le péché et la sainteté.

Si quelqu'un vous demandait une définition du péché, quelle définition lui donneriez-vous ? _____

_____

***

1.2 Quelqu'un disait que le péché s'installe lorsqu'un individu est à la recherche de son propre plaisir, d'une certaine position, de ses propres plans ou de son seul prestige. Cette quête se manifeste de différentes manières, par un amour excessif de soi (ou narcissisme), l'indulgence envers soi-même, la suffisance ou l'entêtement.

Aujourd'hui, nous allons étudier trois importantes leçons sur le péché :

> 1. Le péché a détruit la sainteté d'Adam.
> 2. Le péché affecte tous les êtres humains.
> 3. Le péché et la sainteté ne peuvent pas cohabiter.

Le premier homme fut créé par Dieu pour être saint. C'était là le plan de Dieu. Dieu désirait qu'Adam marche dans la sainteté. Mais un évènement est intervenu et a détruit le plan de Dieu.

Qu'est-ce que Dieu voulait que Adam soit ? _____

***

1.3 Dieu créa Adam à son image. Il a transmis sa sainteté à Adam. En d'autres termes, il voulait qu'Adam soit saint lui aussi.

Lorsque Dieu créa le premier homme et la première femme, il les plaça dans un très beau jardin. Dans cet endroit merveilleux, Dieu marchait et parlait avec eux dans la fraîcheur du jour. Une seule chose leur était interdite par Dieu.

Prenez votre Bible et lisez Genèse 2.17. D'après ce verset, qu'est-ce que le premier homme et la première femme ne devaient pas faire ? _____
_____

***

1.4 Adam et Eve avaient reçu l'ordre de Dieu de ne pas manger du fruit de l'arbre de la connaissance du bien et du mal. Mais, malgré le commandement de Dieu, Eve succomba la première à la tentation, ensuite Adam. Tous les deux mangèrent le fruit de l'arbre interdit. A cause de leur désobéissance, ils perdirent la sainteté que Dieu leur avait transmise et leur nature fut corrompue.

Qu'est-ce que Adam et Eve avaient perdu à cause de leur désobéissance ? _____
_____

***

1.5 Adam fut créé à l'image de Dieu. Il possédait un immense potentiel. Dieu voulait son bonheur. Mais le péché d'Adam a détruit le plan que Dieu avait conçu pour lui et pour l'humanité. Le péché a anéanti la sainteté que Dieu avait transmise à Adam. Les conséquences pour Adam furent la tristesse, l'insécurité et le malheur.

Comment Adam et Eve ont-ils perdu la sainteté que Dieu leur avait transmise ? _____
_____

***

1.6 Par la désobéissance, Adam perdit la sainteté que Dieu lui avait fait connaître. Mais Adam ne fut pas le seul à être affecté par son péché. John Wesley écrivit :

> *... En Adam, tous moururent, toute la race humaine, toute la postérité de l'homme qui se trouvait alors dans les reins d'Adam. La conséquence naturelle de cela est que toute la descendance d'Adam vient au monde mais spirituellement morte. Morte à Dieu, complètement morte dans le péché ; complètement éloignée de la vie de Dieu, de l'image de Dieu, de toute cette justice et cette sainteté dans lesquelles Adam fut créé.*
> *(Cox, p. 30)*

A cause de la désobéissance d'Adam, qui d'autre vient au monde dépouillé de la justice et de la sainteté de Dieu ? _____

***

1.7 A cause de la désobéissance, Adam n'était plus saint. Mais en plus d'Adam et de sa femme Eve, d'autres personnes furent affectées par leur péché. Paul nous dit dans Romains 5.12, que traîna toute l'humanité partage les conséquences de la désobéissance d'Adam. Nous naissons tous avec une nature pécheresse. Paul écrivit :

> *C'est pourquoi, comme par un seul homme le péché est entré dans le monde, et par le péché la mort, et qu'ainsi la mort s'est étendue sur tous les hommes, parce que tous ont péché.*

Qui d'autre fut affecté par la désobéissance d'Adam à Dieu ? _____
_____

***

1.8 L'humanité entière est affectée par la chute d'Adam. Paul a écrit dans Romains 3. 23,

> *Car tous ont péché et sont privés de la gloire de Dieu.*

Qu'est-ce qui détruisit la sainteté d'Adam ? _____

***

1.9 Donald Metz a écrit les mots suivants :

> *La grande tragédie humaine c'est la réalité du péché. La grande espérance de l'homme c'est la possibilité d'accéder à la sainteté. La sainteté et le péché sont opposés. La sainteté représente l'essence de la nature divine. Le péché exprime le reniement de la sainteté ... (p. 52)*

Selon Metz, qu'est ce qui s'oppose à la sainteté ? _____

***

1.10 Le péché et la sainteté sont deux choses totalement opposées. Comme un pasteur l'exprimait si bien : « Le péché et la sainteté ne peuvent pas cohabiter ! » L'histoire d'Adam le démontre clairement. Dès qu'Adam a péché, il a perdu la sainteté qu'il avait acquise depuis sa création.

Qu'est-ce qu »Adam a perdu quand le péché est entré dans sa vie ? _____

***

1.11 Le péché et la sainteté s'opposent l'un à l'autre. Là où se trouve le péché, la sainteté est absente.

34

Jusqu'ici, nous avons étudié trois importantes leçons sur le péché. Citez-les ci-dessous.

1. _____

2. _____

3. _____

***

Section 2 : L'IMPORTANCE DE COMPRENDRE CE QU'EST LE PECHE

2.1 Nous avons donc étudié que :

> 1. Le péché a détruit la sainteté d'Adam.
> 2. Le péché affecte tous les êtres humains.
> 3. Le péché et la sainteté ne peuvent pas cohabiter.

A la suite d'une de mes prédications, un vieil homme est venu me dire : « Je sais que nous devons haïr le péché mais qu'est-ce que c'est exactement ? »

Un autre est venu me dire : « Pécher, c'est tuer, voler, tricher. Je ne fais aucune de ces trois choses donc, je pense que je suis juste. »

Si vous aviez l'occasion de parler à ce second homme, que lui diriez-vous ? _____
_____

***

2.2 Il est très important d'avoir une définition correcte du péché.

Le Pasteur Khumalo l'a expliqué de cette manière : « Lorsqu'une personne malade va voir le médecin, que fera le médecin avant de lui prescrire n'importe quel médicament ? »

Comment répondriez-vous à cette question ? _____

***

2.3 Le pasteur Khumalo a dit : « Le médecin ne prescrira pas de médicament à un malade sans l'avoir examiné avant toute chose. Il fait l'examen parce qu'il veut savoir ce qui ne va pas exactement chez le patient. On ne peut pas prescrire un traitement contre la toux à un malade qui souffre de malaria. De même, on ne peut pas recommander un traitement contre des maux d'estomac à une personne qui s'est entaillé la main. »

De la même manière, nous devons avoir une compréhension claire du péché dans le but de découvrir le remède approprié.

Avant de rechercher le bon remède contre le péché, de quoi avons-nous besoin ? _____

***

NOTA BENE : En poursuivant cette étude, vous remarquerez un changement dans la forme de l'étude. Il ne vous sera pas posé (aucune) de questions au fur et à mesure que vous aurez les informations détaillées. En revanche, vous remarquerez qu'un nombre important d'informations vous sera communiqué avant que l'on ne vous demande d'intervenir sur le sujet. Il vous sera très utile de répondre aux questions.

Section 3 : COMMENT LA BIBLE DEFINIT-ELLE LE PECHE ?

A présent nous allons voir ce qu'est le péché.

Les auteurs de la Bible utilisent différents termes pour définir le péché. Voilà ci-dessous quelques exemples, ils décrivent donc le péché comme

1. « Rater la cible »   4. La méchanceté

2. La malhonnêteté   5. L'infidélité

3. La rébellion   6. L'incrédulité

3.1 Le mot le plus courant employé pour définir le péché se trouve dans l'Ancien Testament : « rater la cible ou l'objectif » en visant.

Les auteurs de l'Ancien Testament décrivent souvent le péché comme « rater la cible en visant. » En effet, les hébreux considéraient le péché comme un échec à la tentative de respecter un commandement ou un interdit. Pour les hébreux, Dieu était un Dieu Saint. Ils devaient donc conformer leurs vies aux préceptes établis par Dieu. Toute déviation par rapport à ces préceptes était considérée comme un péché, voire avoir raté la cible.

Pour les Hébreux, « rater la cible » ou pécher pouvait être un acte volontaire ou involontaire, intentionnel ou non intentionnel. Ils croyaient que les hommes commettaient volontairement de nombreux péchés comme ils croyaient aussi qu'ils péchaient par ignorance.

> *Si c'est toute l'assemblée d'Israël qui a péché involontairement et sans s'en apercevoir, en faisant contre l'un des commandements de l'Eternel des choses qui ne doivent point se faire et se rendant ainsi coupable. (Lévitique 4.13)*

Les Hébreux croyaient également que certaines personnes « rataient la cible » intentionnellement.

> *Mais si quelqu'un, indigène ou étranger, agit la main levée, il outrage l'Eternel ; celui-là sera retranché du milieu de son peuple. (Nombres 15.30)*

3.2 Les auteurs de la Bible ont aussi comparé le péché, parfois, à la malhonnêteté. Le péché assimilé à la malhonnêteté est (vu) comme un objet déformé hors la justice de Dieu. C'est un acte volontaire de ne pas marcher sur le droit chemin de Dieu.

Pour les auteurs de l'Ancien Testament, le péché assimilé à la malhonnêteté comporte l'idée d'un choix délibéré de se détourner du droit chemin et par conséquent d'encourir la perdition.

Le père de Jean-Paul lui a dit que s'il suivait la voie principale, il finirait par arriver au magasin où il pourrait acheter ses fournitures scolaires. Jean-Paul monta sur son vélo et commença à suivre la route principale. Mais peu après, il vit un route plus courte et pensa : « Si je prenais cette route, j'arriverai peut-être plus vite au magasin. Je sais que mon père m'a dit de rester sur la route principale, mais je ne vais pas lui obéir cette fois. Je pense que mon trajet est bien mieux. » Il décida donc d'emprunter la petite route, mais il ne tarda pas à réaliser qu'il s'était perdu.

Les Hébreux voyaient le péché comme une réalité déformée par opposition à une chose qui est droite. Prendre une voie détournée conduit à la perdition, à l'insécurité et au malheur. Moïse a dit devant toute l'assemblée d'Israël :

> *S'ils se sont corrompus, à lui n'est point la faute ; La honte est à ses enfants. Race fausse et perverse. (Deutéronome 32.5)*

3.3 La Bible définit aussi le péché comme une rébellion. La rébellion était considérée comme une désobéissance volontaire contre une autorité légitime. C'était une révolte dirigée contre un dirigeant, un refus de se soumettre à une autorité supérieure. Du point de vue spirituel, cela signifiait que la volonté humaine s'était rebellée contre la volonté divine. Voici ce que le Dr Charles Carter a écrit :

> *L'orgueil de la suffisance conduit à la rébellion ... contrairement à l'ordre établi lors de la création, l'ego cherche à renverser cet ordre. En tentant de devenir indépendant de Dieu, cette défiance de l'ego opère une rupture dans la communion avec Dieu. (A Contemporary Wesleyan Theology, Vol 1, p. 260)*

L'auteur du Livre de Deutéronome écrivit :

> *Vous avez été rebelles contre l'Eternel depuis que je vous connais. (Deutéronome 9.24)*

En Néhémie 9.17, nous lisons ces paroles :

> *Ils refusèrent d'obéir, et ils mirent en oubli les merveilles que tu avais faites en leur faveur. Ils raidirent leur cou ; et, dans leur rébellion, ils se donnèrent un chef pour retourner à leur servitude.*

3.4 La Bible fait différentes descriptions du péché. Parfois, il s'assimile au fait de « rater la cible, » d'autres fois, à la malhonnêteté et également à une rébellion.

Dans la Bible, le péché s'assimile aussi à la méchanceté. Le mot « méchanceté » comprend l'idée de fureur contre quelqu'un, voire contre Dieu, dans ce cas.

Le péché assimilé à la méchanceté implique une opposition continuelle à Dieu, s'expliquant par le fait de pousser aussi les autres à la rébellion contre Dieu. Le prophète Esaïe exprime bien cette idée quand il écrit :

Mais les méchants sont comme la mer agitée, qui ne peut se calmer, et dont les eaux soulèvent la vase et le limon. Il n'y a point de paix pour les méchants, 'dit mon Dieu. » (Esaïe 57.20-21).

On voit la méchanceté comme une agitation inquiète et sans répit contre Dieu. Dans un sens, elle dépeint l'image d'une personne qui désire faire mal à Dieu. C'est un acte ou une attitude parfaitement volontaire. En réalité, une personne méchante nourrit une disposition volontaire contre Dieu, aussi bien en pensée qu'en acte. Elle emploie tous ses efforts à entraîner aussi les autres personnes à faire de même. Ezéchiel 18.27 dit ceci :

Si le méchant revient de sa méchanceté et pratique la droiture et la justice, il fera vivre son âme.

Dans ce verset, nous voyons que la responsabilité personnelle de ceux qui marchent dans la méchanceté, est engagée. C'est l'individu lui-même qui choisit, de s'opposer ou non à Dieu.

3.5 Le péché est aussi assimilé à l'infidélité. Dans l'Ancien Testament, l'infidélité traduit l'idée de briser la confiance d'autrui. C'est l'indication d'une rupture dans une relation intime, causée par l'infidélité.

Le péché vu comme de l'infidélité conduit à la rupture d'une relation de confiance. Un homme infidèle envers son épouse est un homme qui a brisé la confiance qu'elle avait en lui. La nation israélite avait une relation privilégiée avec Dieu. Mais quand les Israélites se rebellèrent contre Dieu, ils furent appelés infidèles. Ezéchiel 15.8 rapporte ce que Dieu leur a dit :

Je ferai du pays un désert parce qu'ils ont été infidèles ...

Ezéchiel 39.23 dit :

... et les nations sauront que c'est à cause de ses iniquités que la maison d'Israël a été conduite en captivité, à cause de ses infidélités envers moi ...

3.6 Dans le Nouveau Testament, le péché est souvent assimilé à l'incrédulité. En Marc 6.6, Jésus Christ s'étonne de l'incrédulité des hommes. Hébreux 3.12 dit :

Prenez garde, frères, que quelqu'un de vous n'ait un cœur mauvais et incrédule, au point de se détourner du Dieu vivant.

En Romains 3.3, l'incrédulité est dite l'ennemi de la foi. Hébreux 3.12 parle du « cœur mauvais et incrédule » comme étant le motif de l'éloignement du peuple, de Dieu et de ses commandements. Selon cette définition du péché, l'incrédulité est un état d'esprit, une attitude délibérée vis à vis de Dieu.

QUESTIONS

Nous avons vu quelques définitions du péché, selon la Bible. Essayez de vous rappeler au moins six définitions du péché mentionnées dans la Bible. Ecrivez-les ci-dessous :

1. Le péché vu comme _____
2. Le péché vu comme _____
3. Le péché vu comme _____
4. Le péché vu comme _____
5. Le péché vu comme _____
6. Le péché vu comme _____

***

3.7 Nous avons vu six différentes définitions du péché dans la Bible. Il s'agit de : (1) le péché, c'est « rater la cible », (2) le péché, c'est la malhonnêteté, (3) le péché c'est la rébellion, (4) le péché c'est la méchanceté, (5) le péché, c'est l'infidélité, (6) le péché, c'est l'incrédulité.

D'après ces définitions, nous notons que certains péchés sont considérés comme volontaires mais d'autres sont considérés comme involontaires. Par exemple, « rater la cible » peut être volontaire ou involontaire. Mais, la méchanceté est toujours considérée comme volontaire.

QUESTIONS

1. Malgré que Nombres 15.30 et Lévitique 4.13 décrivent le péché comme « rater la cible, » en quoi diffèrent-ils dans leur définition ? _____

_____
_____
_____

2. Citez quelques exemples de péchés volontaires. _____

_____
_____
_____

3. Citez quelques exemples de péchés involontaires. _____

_____
_____
_____

Nous discuterons des réponses durant le cours.

Section 4 : DEUX GRANDES CARACTERISTIQUES DU PECHE

4.1 A partir des diverses définitions bibliques du péché, nous comprenons qu'il existe deux grandes caractéristiques du péché.

1. Le péché est un acte délibéré
2. Le péché est un état d'esprit

1. Le péché est un acte délibéré

4.1 La majorité des hommes considère le péché comme un acte délibéré.

Vu sous cet angle, le péché est une transgression volontaire des commandements de Dieu. Nous voulons dire par transgression volontaire, qu'une personne fait le choix personnel de désobéir aux commandements de Dieu. Son choix ne lui est pas dicté de l'extérieur par la force. En réalité, c'est sa décision propre. En décidant de pécher, l'individu fait un choix conscient, sachant qu'il va à l'encontre des lois révélées de Dieu.

4.2 Lorsque Dieu a rejeté l'offrande de Caïn, celui ci est devenu furieux. Le Seigneur alla vers Caïn et lui parla. Dieu savait qu'il était blessé et en colère à cause de son rejet. Donc, Dieu lui dit :

> *Pourquoi es-tu irrité, et pourquoi ton visage est-il abattu ? Certainement si tu agis bien, tu relèveras ton visage, et si tu agis mal, le péché se couche à la porte, et ses désirs se portent vers toi : mais toi, domine sur lui. (Genèse 4.6-7)*

Le choix revenait à Caïn, soit de pécher ou de ne pas pécher. Le choix lui appartenait. Quand Caïn tua finalement son frère, son péché fut un acte délibéré de désobéissance à Dieu.

Agnès savait que la Bible dit : « Tu ne doit pas voler. » Mais un jour, alors qu'elle visitait un magasin, elle vit un chemisier qui lui plut beaucoup. En découvrant son prix sur l'étiquette, elle sut qu'il était très coûteux, et elle n'avait pas les moyens de se l'offrir. Agnès décida cependant, qu'elle voulait absolument ce joli chemisier. Croyant que personne ne la regardait, elle le vola et le mit dans son sac à main.

QUESTION

Le péché d'Agnès, était-il un acte délibéré ou non ? Expliquez votre réponse.

_____

_____

_____

***

4.3 Selon la Bible, le péché est considéré comme une action ou un acte commis volontairement, quoique la personne sache que Dieu interdit cela. Le péché d'Agnès était un acte délibéré de désobéissance.

La Bible nous enseigne que tout chrétien doit s'abstenir de faire volontairement le mal. Paul écrivit :

> *Que dirons nous donc ? Demeurerions-nous dans le péché, afin que la grâce abonde ? Loin de là ! Nous qui sommes morts au péché, comment vivrions-nous encore dans le péché ?» (Romains 6.1, 2)*

et

Revenez à vous mêmes, comme il est convenable, et ne péchez point ; car quelques uns ne connaissent pas Dieu, je le dis à votre honte. (1 Corinthiens 15.34)

Jean écrivit :

Quiconque est né de Dieu ne pratique pas le péché, parce que la semence de Dieu demeure en lui ; et il ne peut pécher, parce qu'il est né de Dieu. (1 Jean 3.9)

4.4 Le péché en tant qu'acte délibéré est centré sur la volonté de l'individu. Une personne pèche quand elle décide sciemment de désobéir à Dieu. C'est donc faire le mal tout en sachant qu'on n'a pas le droit de le faire. Refuser de faire le bien est aussi un péché. Pécher, c'est désobéir volontairement à Dieu.

2. Le péché est un état d'esprit

4.5 Toutefois, la signification du péché va au-delà des actions ou des actes délibérés que nous commettons. La seconde grande caractéristique du péché concerne des attitudes et des motivations qui demeurent invisibles, mais qui du reste, sont une partie intégrante de l'individu. Donald Metz a écrit :

La Bible enseigne que le péché est aussi bien un état qu'une action. L'état de péché comprend les attitudes, les dispositions ... ..qui conduisent à une transgression volontaire. (p. 83)

4.6 Le péché comme état intérieur est aussi appelé le péché originel. La Bible nous enseigne qu'avant la chute d'Adam, il n'existait ni péché, ni mort. Mais, après la chute, les deux devinrent une réalité dans le monde. L'apôtre Paul nous a enseigné que par un seul homme, le péché est entré dans le monde et a affecté toute la race humaine.

C'est pourquoi, comme par un seul homme le péché est entré dans le monde, et par le péché la mort, et qu'ainsi la mort s'est étendue sur tous les hommes, parce que tous ont péché ... si par l'offense s'un seul la mort a régné par lui seul ... ..ainsi donc, par une seule offense la condamnation a atteint tous les hommes ... (Romains 5.12, 17, 18)

Dans 1 Corinthiens 15.22, Paul déclare que la mort s'est étendue sur toute la race humaine à cause du péché d'Adam.

En Ephésiens 2.3, Paul écrit que tout homme est par nature un enfant de colère. Ce qu'il veut dire par « nature », c'est que par le péché d'Adam, chaque être humain naît avec la tendance innée à « rater la cible. » Cette tendance innée n'est pas acquise. Au contraire, nous l'avons héritée car transmise par Adam. Cette tendance innée est également appelée le « péché originel » ou « péché inné. »

4.7 Le péché originel, inné est une :

Qualité, une prédisposition, une déviation, une déformation de la personnalité de l'être humain d'où naissent toutes les véritables transgressions et toutes les attitudes non -chrétiennes comme l'orgueil, l'égoïsme, l'entêtement, et l'inimitié contre Dieu. (Metz, p. 85)

4.8 John Connor définit le péché originel, inné, comme « une souillure innée dans la nature de chaque être humain, et le poussant au mal. » (p. 134)

Selon Connor, le péché originel, inné n'implique pas un choix, cela fait partie de l'héritage humain acquis à la naissance.

QUESTIONS

1. Ecrivez ci-dessous les deux grandes caractéristiques du péché :

    a. _____

    b. _____

2. De quelle grande caractéristique du péché parle Paul dans Romains 5.12-21 ? _____

_____

3. Expliquez avec vos propres mots les définitions : « le péché vu comme un acte délibéré » et « le péché vu comme un état d'esprit. » _____

_____

_____

_____

_____

_____

_____

_____

_____

_____

_____

Section 5 : NE PAS VIVRE SELON LA CHAIR

5.1 Les croyants saints ont choisi de ne plus vivre selon la chair. L'Apôtre Paul a écrit :

Je dis donc : Marchez selon l'Esprit et vous n'accomplirez pas les désirs de la chair. Car la chair a des désirs contraires à ceux de l'Esprit, et l'Esprit en a de contraires à ceux de la chair. Ils sont opposés entre eux ... (Galates 5.16, 17)

Ce que dit la Bible :

Prenez votre Bible et lisez Galates 5.19 à 21. Paul a établi une liste d'au moins quinze (15) œuvres de la chair. Ecrivez-les ci-dessous :

    1. _____   2. _____

    3. _____   4. _____

    5. _____   6. _____

    7. _____   8. _____

9. _____ 10. _____
11. _____ 12. _____
13. _____ 14. _____
15. _____

***

5.2 Paul établit un contraste entre la vie selon l'Esprit et les œuvres de la chair. Il nous fait comprendre très clairement que ceux qui sont saints ne désirent plus satisfaire leurs convoitises charnelles. Au contraire, ils désirent vivre dans la puissance du Saint-Esprit.

La liste que Paul donne en Galates 5, concernant les œuvres de la chair n'est pas exhaustive. La phrase « et les choses semblables » (v. 21) nous montre que cette liste est simplement représentative.

La liste de Paul peut être divisée en quatre catégories :

1. Immoralité
   - Immoralité sexuelle
   - Impureté
   - Débauche

2. Fausses doctrines
   - Idolâtrie
   - Magie

3. Relations non chrétiennes
   - La haine   - L'ambition égoïste
   - Les discordes   - Les querelles
   - Les jalousies   - Les partis pris
   - Les fureurs   - L'envie

4. Abus
   - L'ivrognerie
   - Les excès de table

1° catégorie : l'immoralité

5.3. Les trois premières œuvres de la nature pécheresse dont parle l'apôtre Paul concernent l'immoralité. Le sens du terme immoralité ici signifie que les gens vivent uniquement pour leur propre « plaisir. » Tant qu'une chose leur plaît, cette chose est considérée comme bonne. Paul commence par là à cause de la situation qui prévalait dans la ville de Galatie. Les citoyens de Galatie, qui fut autrefois une grande ville, s'adonnaient ouvertement et naturellement à toutes sortes d'immoralités inimaginables. Le pire était qu'ils n'en éprouvaient ni honte ni remord. C'était devenu leur mode de vie.

5.4 Il y avait l'immoralité sexuelle. En d'autres termes, ils pratiquaient la prostitution, les relations sexuelles coupables, la fornication et l'adultère.

5.5 Il y avait l'impureté. Paul faisait allusion aux personnes qui s'étaient souillées avec des choses qui les séparaient de Dieu.

QUESTION

Citez des choses « impures » pouvant nous séparer de Dieu ? _____

_____

_____

_____

Nous discuterons de votre réponse en classe.

***

5.6 Il y avait aussi, la débauche. Ceci est définit comme « l'empressement à s'adonner à toute sorte de plaisir. » Celui qui se livre à la débauche ignore toute limite à sa conduite. Il fait tout ce qui peut lui procurer du plaisir sans se soucier de ce que les autres pensent ou disent de lui.

2° catégorie : fausse doctrine

5.7 Les deux autres œuvres de la nature pécheresse dont parle Paul concernent les fausses doctrines.

5.8 L'idolâtrie est à la fois l'adoration de l'image et du dieu qu'elle représente. Dans un sens plus large, cela signifie l'adoration d'un ou de plusieurs dieux fabriqué(s) de la main de l'homme.

QUESTION

Comment les hommes viennent-ils à adorer les « objets » plus que Dieu ? _____

_____

_____

_____

Votre réponse sera débattue en classe.

***

5.9 La magie est l'usage de la sorcellerie ou de la divination. Elle consiste à recourir aux puissances maléfiques, faire confiance aux sorciers plutôt qu'à Dieu.

Denis fréquentait une église que j'aidais à s'implanter au Zimbabwe. J'étais très frappé par son témoignage lors d'une discussion. Il me confia qu'il aimait Dieu et désirait le servir.

Mais, un jour, il s'absenta de l'église. Plus tard, quand je lui ai demandé où il était, il me raconta que son fils était malade ce week-end là, et donc sa femme et lui avaient décidé de consulter un guérisseur (sorciers). Ainsi, Dennis essaya de m'expliquer qu'il avait toujours confiance en Dieu mais qu'il était allé voir le sorcier uniquement parce qu'il croyait que Dieu utilise les guérisseurs (sorciers) pour guérir les personnes malades.

QUESTION

Prenez votre Bible et lisez Deutéronome 18.10-12.

Selon ces versets, que ne devons nous pas faire ? _____

_____

_____

_____

***

3° catégorie : Relations humaines non chrétiennes

5.10 La troisième catégorie d'actions de la nature pécheresse concerne le mauvais comportement vis à vis des autres, ou les relations humaines non chrétiennes.

5.11 La haine, véhicule l'idée d'une personne qui éprouve de l'hostilité envers son prochain.

5.12 La discorde signifiait à l'origine la rivalité entre deux personnes qui désiraient la même récompense, la même position ou les mêmes éloges. Mais avec le temps, le sens a évolué pour signifier les querelles et les disputes entre individus.

5.13 La jalousie est le désir de posséder ce que quelqu'un d'autre a déjà. C'est un mauvais désir d'avoir ce qui ne nous appartient pas. C'est également une mauvaise attitude vis à vis d'un rival ou de quelqu'un qui semble avoir plus d'avantages que nous.

5.14 Les accès de colère révèlent un manque de maîtrise de son propre caractère. Cela ne concerne pas une colère qui dure longtemps mais une colère qui surgit soudain et puis se calme. Certains nomment cela une démence passagère.

5.15 Les ambitions égoïstes signifient le désir d'une personne d'obtenir un certain avantage ou une certaine position. Son souci n'est pas de servir les autres mais de rechercher ce qui pourra être à son avantage, ce qu'il pourra en retirer comme bénéfice personnel.

5.16 Les dissensions, divisions (ou se mettre à part) concernent l'attitude de s'éloigner les uns des autres plutôt que de se rapprocher les uns des autres dans l'unité.

5.17 Les sectes concernent les personnes qui se retirent d'un groupe pour joindre un autre groupe. Il s'agit de personnes qui ont des opinions différentes entre elles et qui finalement finissent pas se détester les unes les autres.

5.18 L'envie, c'est le désir de déposséder quelqu'un d'autre de ce qu'il a. C'est une forme d'amertume qui s'installe parce qu'un évènement heureux est arrivé dans la vie d'un autre.

4° catégorie Les Abus (ou addictions)

5.19 La quatrième catégorie dont Paul parle concerne les abus ou addictions.

5.20 Paul reconnaît que l'ivrognerie est un acte honteux et dégradant. Cela ne doit pas se trouver dans la vie d'un chrétien.

5.21 Les orgies concernent les fêtes qui dégénèrent, qui deviennent incontrôlables lorsque ceux qui y participent perdent la maîtrise d'eux-mêmes. Elles peuvent être définies comme des réjouissances déchaînées.

QUESTIONS

1. Selon Galates 5.16, comment doivent vivre les chrétiens ? _____

_____

2. Que doivent faire les chrétiens avec les désirs de leur nature pécheresse ?_____

_____

3. Selon Galates 5.17, quelles sont les deux choses qui sont opposées l'une à l'autre ? ____

_____

4. Les actes de la nature pécheresse se divisent en quatre catégories. Ecrivez ci-dessous quelles sont ces quatre catégories et citez un exemple pour chacune d'elle.

a. _____

_____

b. _____

_____

c. _____

_____

d. _____

_____

LEÇON 4

Buts de la leçon :

A la fin de la leçon, vous devriez être capable de :

   a. définir le combat intérieur vécu par chaque croyant avant qu'il ne devienne saint.

   b. Décrire le conflit qui existe entre « l'ancienne nature » et la « nouvelle nature.»

   c. Donner une brève définition de la sanctification.

   d. Définir les termes suivants :
      1. Sanctification initiale
      2. Sanctification progressive
      3. L'entière sanctification
      4. Croissance continuelle
      5. Glorification

Section 1 : TEMOIGNAGES

1.1 Avant ma conversion, j'étais esclave du péché. J'étais sous la domination de Satan et du monde des ténèbres. Même si j'avais des pensées passagères de faire le bien, mon désir de pécher me dominait totalement.

Mais, je fus libéré du monde des ténèbres quand je fus sauvé. Je me tournais vers Dieu. Bien que je succombais encore au péché, je n'avais plus le désir de continuer à pécher. Mon cœur était rempli d'un désir nouveau de ressembler à Jésus-Christ. Je me réjouissais de ma nouvelle paix et de mon bonheur tous neufs. Je commençais aussitôt à obéir aux conseils et au contrôle de l'Esprit Saint pendant que je grandissais spirituellement.

Par la suite, j'ai découvert un nouveau problème. Il était certain que j'avais un nouveau désir de vivre dans la sainteté et la justice. Cependant, plus le Saint Esprit me convainquait de mes péchés et faiblesses, plus, je découvrais en moi un profond désir de désobéir. Je devais faire face à un conflit quotidien. Tantôt, je suivais mon désir de faire ce qui est juste, tantôt, je suivais mon désir de pécher. Je passais par une croissance progressive, mais j'échouais et péchais fréquemment. Deux volontés régnaient dans mon cœur : le désir de servir ma nouvelle nature et celui de servir mon ancienne nature.

J'avais l'impression d'être pris au beau milieu d'une terrible guerre. Mes mauvais désirs d'un côté et mon désir d'être saint de l'autre. Je me sentais comme tiré vers deux directions complètement opposées.

1.2 L'apôtre Paul a écrit :

> *J'ai la volonté, mais non le pouvoir de faire le bien. Car je ne fais pas le bien que je veux, et je fais le mal que je ne veux pas. Et si je fais ce que je ne veux pas, ce n'est plus moi qui le fais, c'est le péché qui habite en moi. Je trouve donc en moi cette loi : quand je veux faire le bien, le mal est attaché à moi. Car je prends plaisir à la loi de Dieu, selon l'homme intérieur ; mais je vois dans mes membres une autre loi, qui lutte contre la loi de mon entendement, et qui me rend captif de la loi du péché, qui est dans mes membres. (Romains 7.18-23)*

Section 2 : COMPRENDRE LE PROBLEME

2.1 Au moment où une personne se repent, ses péchés passés sont pardonnés. Mais avec le temps, le nouveau croyant commence à comprendre qu'il n'est pas pleinement dans la volonté de Dieu car il possède une « disposition intérieure » envers le mal. Or, comme il veut être un bon croyant, il se trouve constamment en posture de combat pour éviter de faire le mal. La chair et l'Esprit se combattent l'un l'autre. Le nouveau croyant constate qu'il a amorcé un bon départ mais qu'il a également, besoin d'une seconde œuvre de grâce s'il doit devenir saint comme Dieu l'ordonne. Le nouveau converti a la volonté de vivre comme un saint, pour Dieu. Toutefois, son désir de mal agir continue intérieurement de l'envahir. Malgré tous les efforts qu'il déploie, il réalise qu'il n'arrive pas à atteindre la norme de sainteté que Dieu réclame. Les croyants du Nouveau Testament avaient également ce problème.

Prenez votre Bible et lisez Luc 22.24-26

QUESTIONS

1. A qui Jésus parlait-il ? _____

2. Selon Luc, que s'est-il passé parmi les disciples ? _____

3. Quelle question avait troublé les disciples ? _____
_____

***

2.2 Jésus parlait à ses disciples. Ils avaient déjà reçu la promesse d'avoir des palais au ciel. Ils étaient comparés à des branches rattachées à Jésus. En d'autres termes, Jésus s'adressait aux individus qui s'étaient repentis et étaient devenus des croyants.

Au tout début de la fête de Pâques, les disciples et Jésus montèrent dans une chambre haute. Alors qu'ils étaient dans la chambre, ils remarquèrent qu'il n'y avait pas de serviteurs pour leur laver les pieds comme c'était la coutume. Il y avait de l'eau, une bassine et des serviettes toutes prêtes, mais, aucun d'eux ne voulait se charger de la tâche. Personne ne se porta volontaire. Chaque disciple était rempli d'orgueil, ce qui est un péché. Chaque disciple de Jésus pensait qu'il était trop bien et important pour faire un travail si dégradant que celui de laver les pieds des autres. Selon le récit de Luc, nous voyons que les disciples croyants étaient toujours en proie à une lutte intérieure contre le péché.

Leçon 4

Prenez votre Bible et lisez Jean 17.16-17

QUESTIONS

1. Selon Jésus, qui n'étaient « pas du monde » ? _____

2. D'après vous, qu'est-ce Jésus voulait dire quand il a déclaré, ils ne sont « pas du monde » ?

_____

***

2.3 Jésus voulait dire qu'il savait que ses disciples étaient des croyants. Mais, il savait également qu'il existait toujours un vide dans leurs vies. Ils étaient orgueilleux, égocentriques, avaient peu de foi, un témoignage timide, une colère charnelle, et ils se préoccupaient de l'opinion des gens autour d'eux. C'est pour cette raison que le Seigneur Jésus avait prié, « *Sanctifie-les par la vérité.* » Il priait afin que Dieu rendît parfaite leur séparation du monde, en les rendant saints.

Beaucoup de croyants peuvent se retrouver dans l'expérience des disciples. Ils savent qu'ils sont sauvés. Leurs péchés sont pardonnés. Ils sont conscients qu'ils sont des enfants de Dieu. Mais, ils découvrent en eux le mal, luttant pour dominer sur leur âme. Le péché ne règne plus dans leur cœur mais il y est toujours présent. La Bible dit :

> *Car c'est du dedans, c'est du cœur des hommes, que sortent les mauvaises pensées, les adultères, les impudicités, les meurtres, les vols, les cupidités, les méchancetés, la fraude, le dérèglement, le regard envieux, la calomnie, l'orgueil, la folie. Toutes ces choses mauvaises sortent du dedans et souillent l'homme. (Marc 7.21-23)*

QUESTIONS

1. Ouvrez vos Bibles dans 1 Corinthiens 3.1-4. A qui écrivait Paul ? Etaient-ils des croyants ou des incroyants ? _____

2. Ces personnes vivaient-ils ou non une vie de sainteté ? Justifiez votre réponse. _____
_____
_____

3. Pensez-vous que ce que Paul disait aux croyants de 1 Corinthiens 3.1-4 s'applique à l'église actuelle ? _____

Si oui, comment ? Si non, pourquoi pas ? _____
_____
_____
_____

Votre réponse sera débattue en classe.

***

Section 3 : LA VIEILLE NATURE CONTRE LA NOUVELLE NATURE

3.1 Prenez votre Bible et lisez Ephésiens 4.21-24

Les Ephésiens apprirent qu'ils devaient se dépouiller de leur vieille nature pour revêtir la nouvelle. La « vieille nature » se rapporte à cette attitude du cœur qui nous incite à commettre le mal.

Selon Paul, que devons-nous en tant que chrétiens, faire de notre « vieille nature » ?

_____

***

3.2 Paul écrit que la « vieille nature » doit mourir. Dans Romains 6.6, il écrit :

> *Sachant que notre vieil homme a été crucifié avec lui, afin que le corps du péché fût détruit, pour que ne soyons plus esclaves du péché.*

Une fois que la « vieille nature » est morte, qu est ce que le croyant doit faire ? _____

_____

***

3.3 Une fois que la « vieille nature » est morte, on doit se revêtir de la « nouvelle nature. » En d'autres mots, les croyants doivent se revêtir de sainteté. Mais, il faut avant tout que la nature pécheresse, cette attitude du cœur qui nous incite à faire le mal puisse être ôtée.

3.4 Dans son livre *La sainteté pour tous*, Keith Drury propose une brève étude biblique pour aider ses lecteurs à comprendre les déclarations de l'apôtre Paul au sujet de la vie chrétienne et de la sainteté. L'étude suivante est un extrait de son livre.

1. Quelle sorte de personnes étaient ces Ephésiens (à qui écrivait Paul) ?

     a. Ephésiens 1.1 _____

     b. Ephésiens 1. 13 _____

     c. Ephésiens 1.15 _____

     d. Ephésiens 2.1, 5 _____

     e. Ephésiens 2.19 _____

2. En Ephésiens 4.22, de quoi Paul conseille-t-il vivement aux Ephésiens de se débarrasser ? _____

3. Quelles sont les caractéristiques de la « vieille nature » que Paul décrit ?

     a. Ephésiens 4. 25 _____

     b. Ephésiens 4. 26 _____

     c. Ephésiens 4. 28 _____

     d. Ephésiens 4. 29 _____

     e. Ephésiens 4. 31 _____

f. Ephésiens 5. 3 _____

g. Ephésiens 5. 4 _____

4. De quoi ces croyants doivent-ils se « revêtir », selon Ephésiens 4. 24 ? _____
_____

5. Quels sont les caractéristiques de la « nouvelle nature » ?

a. Ephésiens 4.2 _____

b. Ephésiens 5.1 _____

c. Ephésiens 5.2 _____

d. Ephésiens 5.4 _____

6. Qu'est ce que Jésus Christ veut faire de son église selon Ephésiens 5.25-27 ? _____
_____

7. Qu'est-ce Jésus Christ veut faire dans ta vie de croyant ? _____
_____
_____
_____
_____

Section 4 : LA SANCTIFICATION, LE MOYEN DE DEVENIR SAINT

4.1 En général, le terme "sanctification" se réfère au processus par lequel une personne devient et demeure un chrétien. Flora Belle Slater déclare que :

> *La sainteté fait référence à la ressemblance avec Dieu. La sanctification décrit le processus par lequel une personne arrive à participer par sa vie, à cette qualité. L'œuvre de la sanctification comprend deux aspects : l'acte humain de la consécration et l'acte divin de la purification. La purification de toute souillure et le renouvellement du cœur par l'Esprit de Dieu sont l'essence de l'œuvre sanctificatrice de Dieu. (p. 2)*

Keith Drury définit la sanctification comme « l'œuvre de transformation complète par Dieu d'une personne 'à la ressemblance de Christ'. » (p.57)

QUESTION

Quel est le lien entre la sainteté et la sanctification ? _____
_____
_____

***

La sanctification, comme nous l'avons déjà dit, est un terme général. La sanctification comprend précisément cinq étapes, qui sont :

1. La sanctification initiale
2. La sanctification progressive

3. L'entière sanctification
4. La croissance continuelle
5. La glorification

1. La sanctification initiale

4.2 Un jour Elias posa la question suivante pendant l'école du Dimanche : « N'étais-je pas sanctifié et rendu saint au moment où je me suis repenti et que j'ai accepté Jésus-Christ comme mon Sauveur ? »

QUESTION

Qu'auriez-vous répondu à Elias ? _____
_____
_____

4.3 La sanctification, la voie qui mène à la sainteté, commence réellement quand une personne abandonne sa vie à Jésus-Christ par la repentance et accepte que Christ devienne son Sauveur personnel. Nous appelons cela « la sanctification initiale. »

4.4 Aussitôt qu'une personne se repent et demande à Jésus Christ de lui pardonner ses péchés, elle est justifiée. Wakefield définit la justification comme :

> *Une œuvre de la grâce gratuitement offerte par Dieu et par laquelle il délivre le pécheur de toute culpabilité et de toute condamnation et l'accepte comme juste sur la base de l'expiation de Christ. (p. 380)*

Puisque Dieu est saint, il ne peut pas ignorer le péché. Il ne peut justifier une personne à moins qu'elle ne garde ses commandements et ne pèche pas. Or, aucun humain n'a encore été capable de faire cela. La Bible l'atteste clairement lorsqu'elle déclare que « tous ont péché. »

Etre justifié signifie être lavé de toute culpabilité de sorte que la condamnation ne pèse plus sur la personne. D'un point de vue spirituel, cela veut dire que la communion avec Dieu est rétablie et la vie éternelle lui est accordée quand une personne est justifiée.

L'être humain ne peut pourvoir ni à sa propre absolution ni à son propre pardon. C'est uniquement par le moyen du sacrifice de Jésus-Christ qu'il est justifié.

La justification a trait aux péchés commis, ou aux actions volontaires de péché commis par le croyant. Ceci veut dire que lorsqu'une personne est justifiée, les péchés qu'elle avait commis ne sont plus retenus contre elle dans le ciel. Une personne qui meurt en état de justification va directement au ciel.

4.5 La sanctification initiale commence au moment ou une personne est régénérée. John Wesley déclare que la sanctification commence :

> *au moment où nous sommes justifiés. La graine de toute vertu est alors semée dans l'âme. A partir de ce moment, le croyant meurt petit à petit au péché et croît dans la*

grâce. Néanmoins, le péché demeure toujours en lui ; oui, la semence de tout péché, jusqu'à ce qu'il soit sanctifié corps, âme et esprit. (p. 285)

Flora Belle Slater affirme que la sanctification initiale est le « nouveau principe de vie ... .de la sainteté », lequel est planté dans la vie du croyant par le Saint Esprit. Elle ne rend pas un croyant entièrement « saint », ou « sanctifié » mais elle déclenche le processus.

QUESTIONS

1. Dans notre étude sur le péché, nous avons appris qu'il existait deux grandes caractéristiques du péché : le péché comme un acte délibéré et le péché comme une attitude du cœur. Quand une personne se repent et reçoit Jésus Christ comme son Sauveur, de quelle caractéristique du péché est-elle justifiée ? _____

2. Quand la sanctification initiale commence-t-elle dans la vie du croyant ? _____
_____

2. La sanctification progressive

4.6 La sanctification commence en même temps que la justification et la régénération. Ainsi, dés cet instant, il se produit une sanctification progressive ou graduelle, au fur et à mesure que le croyant marche avec Dieu et croît jour après jour dans la grâce et dans une obéissance plis parfaite à Dieu.

4.7 La croissance est une chose normale dans la vie d'un chrétien. Un chrétien nommé Jean-Marc témoigne de cela :

> *Après ma conversion, j'allais à l'église et assistais aux études bibliques. J'ai commencé à lire ma Bible. J'ai pris conscience que Dieu voulait que je lui obéisse totalement. Une fois converti, j'eus un désir nouveau d'obéir à Christ. Je n'étais plus l'esclave de Satan. Mais, malgré ma volonté d'être obéissant, j'échouais parfois. Il y avait un combat permanent en moi.*

> *Habituellement, j'obéissais à Christ. Cependant, il m'arrivait parfois de faire ma propre volonté et de lui désobéir. A chaque fois que je désobéissais, je ressentais toujours ensuite un immense malaise.*

> *Mais, j'ai continué à grandir dans ma foi. Dieu avait de nouvelles exigences pour ma vie. Je désirais marcher dans l'obéissance à Dieu, pourtant, cela me semblait parfois presque impossible. Quelque chose au-dedans de moi, m'empêchait de me soumettre totalement à Dieu.*

QUESTIONS

1. Jean-Marc a témoigné qu'il avait le désir d'obéir à Dieu après sa conversion. Faisait-il l'expérience de la sanctification initiale ou progressive ? _____

2. Lorsque Jean-Marc a dit : « J'ai continué de croître en tant que chrétien » était-ce l'expérience de la sanctification initiale ou progressive ? _____

3. Lorsque Jean-Marc a témoigné et a dit : « quelque chose m'empêchait d'obéir entièrement à Dieu », de quelle caractéristique du péché parlait-il ? : le péché vu comme un acte délibéré ou vu comme un état intérieur (que nous appelons également « péché originel ») ? _____

***

3. L'entière sanctification

4.8 *Le manuel de l'Eglise du Nazaréen* déclare :

> *L'entière sanctification est accomplie par le baptême du Saint-Esprit, et intègre dans une seule expérience la purification du cœur de tout péché ainsi que la présence constante et intime du Saint-Esprit, fortifiant le croyant pour la vie et le service.*

> *Elle est rendue possible par le sang de Jésus. Elle est réalisée instantanément par la foi, précédée par l'entière consécration. Le Saint-Esprit rend témoignage de cette œuvre et de cet état de grâce.*

> *Cette expérience est exprimée par différents termes qui illustrent ses diverses phases, tels que : perfection chrétienne, amour parfait, pureté du cœur, baptême du Saint-Esprit, plénitude de la bénédiction, et sainteté chrétienne. (Article IX)*

4.9 Jésus Christ a enseigné deux types de baptêmes à ses disciples. Il dit dans Actes 1.5,

> *... car Jean a baptisé d'eau, mais vous, dans peu de jours, vous serez baptisés du Saint Esprit.*

Jean-Baptiste dit :

> *Moi je vous baptise d'eau pour vous amener à la repentance ; mais celui qui vient après moi est plus puissant que moi, et je ne suis pas digne de porter ses souliers. Lui il vous baptisera du Saint Esprit et de feu. (Matthieu 3.11)*

QUESTIONS

1. Combien de baptêmes Jésus-Christ et Jean-Baptiste ont-ils enseigné? _____

2. Avec quoi le premier baptême est-il fait? _____

3. Avec quoi le second baptême est-il fait? _____

***

4.10 Dieu veut que nous expérimentions deux baptêmes. L'un est symbolisé par l'eau et l'autre est symbolisé par le feu. L'ordre de ces deux baptêmes est établi avec une grande exactitude. Le baptême d'eau vient en premier. Le baptême du Saint Esprit vient en seconde position.

QUESTION

Que représente le baptême d'eau ? _____

_____

***

4.11 Le premier baptême fait avec de l'eau est le signe et la preuve qu'une personne s'est repentie. Cela veut dire qu'elle a déjà confessé ses péchés et mis sa foi en Jésus christ.

Le baptême du Saint Esprit est tout à fait différent de celui de l'eau. Le symbole du feu est la purification du péché originel, représentant la séparation entre l'impureté et la pureté.

Le second baptême est appelé l'entière sanctification. Il se produit dans la vie de l'individu qui accepte librement de recevoir le baptême du Saint Esprit.

4.12 La Bible nous donne beaucoup d'exemples sur la nécessité de l'entière sanctification. L'exemple type est l'expérience des disciples de Jésus-Christ. Avant la Pentecôte, les disciples savaient qu'ils étaient sauvés. La Bible nous dit qu'ils n'étaient pas du monde (Jean 17.14) et que leurs noms étaient écrits au ciel (Luc 10.20).

Pourtant, malgré qu'ils avaient obtenu le salut et étaient des disciples du Seigneur Jésus Christ, ils avaient encore besoin d'être sanctifiés. Selon les Ecritures, ils étaient parfois, instables et infidèles, (Marc 14.50). Parfois, ils étaient égoïstes et recherchaient des hautes positions (Matthieu 19. 27 ; Marc 10. 37-41). Parfois, ils manifestaient un esprit vindicatif (Luc 9. 54-55).

Cependant, ces disciples furent réellement changés quand ils furent entièrement sanctifiés le jour de la Pentecôte. Donald Metz écrit que quatre changements s'étaient opérés en eux :

1. Leur cœur fut purifié par le baptême du Saint Esprit (Actes 2. 4, 15. 8-9).

2. Ils furent transformés ; d'hommes craintifs et instables, ils étaient devenus des témoins courageux et téméraires de Christ. (Actes 2. 14).

3. Ils avaient une unité de cœur (Actes 2. 44).

4. Ils avaient reçu le discernement spirituel (Actes 2. 14-40).

QUESTIONS

Prenez votre Bible et ouvrez-là en 1 Thessaloniciens. Répondez aux questions suivantes.

1. Quelle sorte de personnes étaient les Thessaloniciens à qui Paul écrivait ? Etaient-ils des croyants ou non ? Donnez vos réponses avec des versets bibliques à l'appui. _____

_____

_____

_____

_____

2. Qu'est-ce que Paul exhorte ces personnes à faire ?

    1 Thessaloniciens 4 .1 _____

    1 Thessaloniciens 4. 3 _____

    1 Thessaloniciens 4. 7 _____

3. Lisez 1 Thessaloniciens 5. 23-24. Qu'est ce que Paul souhaite aux croyants de Thessalonique ? _____

    Jusqu'où s'étendra cette sanctification ? _____

4. Pouvez-vous indiquer le moment où commence la sanctification initiale, la sanctification progressive et l'entière sanctification ? Justifiez votre réponse. _____

_____

_____

_____

_____

_____

_____

***

4.13 La question qu'on pose souvent est : « Que se passe t-il après qu'une personne est entièrement sanctifiée ? »

Comme nous l'avons vu dans une précédente leçon, l'une des choses qui arrive après qu'on soit entièrement sanctifié est la consécration à 100 % à Dieu et la soumission totale à Dieu. Notre désir quotidien est de faire la volonté de Dieu. On laisse le Saint Esprit contrôler chaque parcelle de notre vie. On ne recherche plus notre plaisir égoïste, on est plutôt absorbé par le désir d'être agréable à Dieu. On aspire à la sainteté afin d'être comme Jésus Christ. On cherche à vivre dans la sainteté parfaite. Notre volonté de rébellion disparaît car maintenant notre volonté est d'obéir à Dieu en toutes choses. On a un amour merveilleux pour Dieu et pour son prochain. Un amour très fort pour Dieu et notre prochain remplit notre cœur.

Un jour à l'église, le Pasteur Stephen a dit que le croyant entièrement sanctifié n'avait pas de péchés dans sa vie. Plusieurs furent très confus par sa déclaration. Ils pensaient qu'il voulait dire qu'une personne entièrement sanctifiée était exactement comme Jésus Christ et n'avait donc pas besoin de croissance spirituelle. Mais, ce n'est pas ce qu'il voulait dire.

Keith Drury a dit que la confusion s'installe en raison de la compréhension que les personnes en du « péché ». (Voir *La sainteté pour tous,* p. 69)

> *Il y a deux idées générales sur le péché. Il est primordial de les comprendre afin de bien percevoir ce que nous voulons dire lorsque nous affirmons qu'un croyant peut être « libre de tout péché. »*

IDEE 1. Cette idée du péché met l'accent sur les intentions ou la volonté. Je pèche quand je désobéis délibérément à Dieu, quand je décide de désobéir. Le péché, c'est soit savoir qu'une chose est mal et choisir de le faire quand même soit c'est savoir qu'une chose est bien mais choisir de ne pas le faire. Le péché est la désobéissance volontaire à Dieu.

IDEE 2. Cette idée met l'accent sur la norme divine de la sainteté ... .Elle affirme que le péché est toute parole, toute pensée, ou toute action non conforme à cette norme. Le péché comprend à la fois les transgressions ... volontaires en plus des milliers de fois où j'ai failli (ou désobéi) à la perfection que Dieu me demande de rechercher. Dès lors, il est facile pour ceux qui partagent la seconde idée sur le péché, de dire que nous : « péchons tous les jours en parole, en pensée et en acte. » Ils veulent dire par là, qu'ils n'imitent pas tous les jours Christ le modèle parfait ... ce qui est le cas pour nous tous.

Quand une personne est entièrement sanctifiée, elle est capable de témoigner qu'elle est « libérée du péché » car elle doit marcher dans une obéissance totale quelque soit la direction que Dieu lui montre. Autrement dit, on croit qu'elle est libérée du péché tel que le décrit l'idée 1. Quand Dieu parle, la personne sanctifiée obéit. La personne entièrement sanctifiée continuera de faillir au standard de la perfection divine, mais on ne lui tiendra pas rigueur de ces imperfections involontaires, de ces erreurs, ou de ces faiblesses humaines. Elle est considérée comme irréprochable parce qu'elle a soumis sa volonté à celle de Dieu. Et, à cause de cela, elle fera tout ce que le Saint-Esprit lui révèlera.

Drury écrit :

La pureté de l'entière sanctification ne peut pas empêcher ma faillibilité à la perfection de Dieu parce que je suis faible ou immature. Cependant, elle purifie mon cœur pour que je ne passe pas outre sa volonté.

... En ... (parlant) de l'entière sanctification, nous cherchons à dire que Dieu a la puissance de me purifier (libérer) de tout penchant à la désobéissance. Il m'est dès lors possible de vivre sans pécher par intention. (p. 70)

QUESTIONS

1. Que veut dire le croyant entièrement sanctifié quand il témoigne qu'il est « délivré du péché » ? _____

_____

_____

_____

2. Expliquez les deux idées concernant le péché _____

_____

_____

_____

_____

_____

3. Lorsque le croyant entièrement sanctifié déclare qu'il est « délivré du péché », parle-t-il du péché en rapport avec l'idée 1 ou avec l'idée 2 ? _____

***

4. La croissance progressive

4.14 La sanctification initiale commence quand une personne est sauvée. John Wesley écrit :

> *La nouvelle naissance est le moment où commence notre sanctification. La nouvelle naissance est alors le premier pas de la sanctification.*

Après la sanctification initiale, vient la sanctification progressive. C'est l'œuvre progressive de Dieu permettant au croyant de croître dans la grâce. Les Wesleyens croient à la réalité progressive de la sanctification, mais ils croient aussi qu'elle devrait conduire quelqu'un à l'entière sanctification.

Voici ce que Wesley a prêché :

> *Nous sommes sauvés de la culpabilité du péché par la justification qui nous permet de bénéficier de nouveau de la faveur de Dieu ; nous sommes sauvés de la puissance et de la racine du péché par la sanctification et restaurés à l'image de Dieu. Toutes les expériences vécues de même que l'enseignement des Ecritures démontrent que ce salut est à la fois immédiat et progressif. Il se met à l'œuvre dès l'instant où nous sommes justifiés ... ensuite, il croît progressivement ... .jusqu'au moment où le cœur devient purifié de tous péchés et rempli d'un amour parfait pour Dieu et pour le prochain. (p. 509)*

4.15 A la suite de l'entière sanctification vient la croissance continue. Etre entièrement sanctifié ne signifie pas qu'on a plus besoin de grandir spirituellement. L'Evêque Mallalieu écrit ceci :

> *Il est évident que ... lorsque nous jouissons de la bénédiction (de l'entière sanctification), alors, les conditions sont telles qu'elles favorisent une croissance rapide, harmonieuse et continuelle, non seulement par une foi raffermie et l'abondance dans la consolation, mais aussi par le pouvoir de surmonter les tentations et d'observer avec discernement les commandements et imiter Jésus-christ notre Seigneur ...*

> *L'une des joies de la vie sanctifiée est la possibilité d'avoir plus d'amour, plus de connaissance, plus d'une même pensée et d'un même mode de vie que Jésus jusqu'à la fin de notre vie terrestre. (p. 70)*

C'est une erreur de penser qu'on cesse spirituellement de croître parce qu'on est entièrement sanctifié. Bien au contraire, le croyant entièrement sanctifié doit rechercher continuellement la croissance pour être transformé de gloire en gloire et ressembler au Seigneur Jésus-Christ.

4.16 Il n'existe pas un chrétien dont la foi est stationnaire dans sa marche avec Dieu. Nous devons aller de l'avant sinon nous courons le risque de rétrograder. Quelqu'un a comparé la croissance continue avec le fait de conduire un vélo. Soit, le conducteur pédale pour avancer, soit il perd l'équilibre et tombe. Nombreux sont les chrétiens qui chutent parce qu'ils ignorent l'étape de la croissance continue.

QUESTIONS

1. Quelles sont les quatre premières étapes de la sanctification ?

    1. _____

    2. _____

    3. _____

    4. _____

2. Quel est le rôle de la croissance continue dans l'entière sanctification d'un individu ?__

_____

5. La Glorification

4.17 L'étape finale de la sanctification est la Glorification. Elle se définit comme la transformation finale du croyant opérée par Dieu après sa mort. Cette dernière phase est le ciel ou ce qui survient après la mort du croyant.

QUESTION

A quel moment se produit la glorification dans la vie du croyant ? _____

_____

LEÇON 5

But de la leçon :

A la fin de cette leçon, vous devriez être en mesure de :

a. Expliquez brièvement les différents points de vue quant au *moment (instant)* où a lieu l'entière sanctification.

b. Expliquez le point de vue wesleyen concernant le *moment* de l'entière sanctification.

c. Expliquez les dispositions que donne le Seigneur Jésus pour faire l'expérience de l'entière sanctification.

d. Expliquez le rôle du Saint Esprit dans l'entière sanctification.

e. Expliquez brièvement qui est le Saint Esprit.

Section 1 : LE MOMENT DE L'ENTIERE SANCTIFICATION

D'après ma propre expérience, j'ai découvert que beaucoup de dénominations chrétiennes croient en la sanctification. Elles sont d'accord que c'est une doctrine biblique et que la sainteté doit être le but de tout croyant. Mais la confusion règne encore en ce qui concerne le *moment* de l'entière sanctification. La question cruciale qui est posée, est celle-ci : « Un croyant peut-il vivre une vie de sainteté ici et maintenant ? Certains groupes disent « non », tandis que d'autres disent « oui ».

Section 2 : LES DIFFERENTS POINTS DE VUE SUR LE MOMENT DE L'ENTIERE SANCTIFIATION

2.1 Un groupe religieux croit que le croyant est sanctifié après sa mort. Il enseigne qu'il existe un lieu appelé purgatoire, où l'âme du croyant mort est purifiée après être passé par un processus de souffrances. Le *Catéchisme catholique* déclare :

> *Les âmes du purgatoire doivent souffrir encore afin d'être purifiées des conséquences de leurs péchés.*

2.2. Un autre groupe de croyants enseigne que la régénération et la sanctification ont lieu au même moment lors de la conversion. Autrement dit, le salut et la sanctification se déroulent en même temps.

2.3 Certains groupes enseignent que le croyant ne peut jamais être entièrement sanctifié. Ils croient plutôt que le croyant peut uniquement continuer de croître dans la maturité spirituelle. L'idée est qu'un individu peut continuellement se rapprocher de la sanctification mais ne pourra jamais l'atteindre.

2.4 D'autres soutiennent que la présence et l'emprise du péché demeurent en chaque personne pendant toute sa vie. C'est seulement à la mort qu'une personne est libérée du péché. C'est alors qu'elle peut entrer pure et sainte dans la présence de Dieu.

Section 3 : LE POINT DE VUE WESLEYEN

3.1 Les églises de la sainteté issues de l'héritage wesleyen ont toujours soutenu que la sainteté personnelle en tant que résultat de l'expérience d'une crise est possible ici et maintenant. L'entière sanctification vient après la régénération et elle s'applique immédiatement dans la vie du croyant quand celui-ci s'offre lui-même à Dieu comme un sacrifice vivant.

Vous trouverez ci-dessous quelques versets bibliques qui démontrent la possibilité d'expérimenter la sainteté ici et maintenant.

Et Dieu, qui connaît les cœurs, leur a rendu témoignage, en leur donnant le Saint Esprit comme à nous. Il n'a fait aucune différence entre nous et eux, ayant purifié leurs coeurs par la foi. (Actes 15.8-9)

Ayant donc de telles promesses, bien-aimés, purifions-nous de toute souillure de la chair et de l'esprit, en achevant notre sanctification dans la crainte de Dieu. (2 Corinthiens 7.1)

C'est pourquoi laissant les éléments de la parole de Christ, tendons à ce qui est parfait, sans poser de nouveau le fondement du renoncement aux oeuvres mortes. (Hébreux 6.1)

Maris, aimez vos femmes, comme Christ a aimé l'Eglise, et s'est livré lui-même pour elle, afin de la sanctifier par la parole, après l'avoir purifiée par le baptême d'eau. (Ephésiens 5.25-26)

Les apôtres, qui étaient à Jérusalem, ayant appris que la Samarie avait reçu la Parole de Dieu, y envoyèrent Pierre et Jean. Ceux-ci arrivés chez les Samaritains, prièrent pour eux, afin qu'il reçussent le Saint-Esprit. Car Il n'était pas encore descendu sur aucun d'eux ; ils avaient seulement été baptisés au nom du Seigneur Jésus. Alors Pierre et Jean leur imposèrent les mains, et ils reçurent le Saint-Esprit. (Actes 8. 14,15 et 17)

Le point de vue wesleyen est que la vie sainte commence par l'expérience d'une « crise » chez l'individu. Le Dr Daniel Steele déclare que tous les passages qui parlent de la sanctification dans les Ecritures emploient le temps aoriste du Grec, la langue originelle du Nouveau Testament. Ce temps aoriste exprime toujours une action ponctuelle et achevée. Ce qui signifie que tout croyant peut vivre une vie sainte après avoir vécu l'expérience de « crise » de l'entière sanctification.

John Wesley a dit qu'une personne peut rester dans l'agonie durant des jours mais quand survient brusquement la mort, c'est alors à cet instant, qu'elle entre dans l'éternité. De la même façon, l'approche humaine de la sanctification peut par ailleurs être un processus. Néanmoins, le moment viendra où il remplira toutes les conditions et achèvera l'œuvre et alors il entrera à cet instant même dans la vie de sainteté. En d'autres termes, l'entière sanctification s'obtient instantanément en un temps donné. (« The Case for Entire Sanctification », p. 26)

3.2 Dans le Nouveau Testament, nous voyons à plusieurs reprises une phrase dans laquelle il s'agit de la justification, puis elle est immédiatement suivie d'une autre qui parle de la sanctification.

Prenons Actes 2. 38 par exemple :

| *Repentez-vous et que chacun de vous soit baptisé au nom de Jésus-Christ pour le pardon de vos péchés.* | *Et vous recevrez le don du Saint-Esprit.* » (ce qui signifie l'entière sanctification) |

Ces deux phrases montrent que, logiquement et chronologiquement, l'entière sanctification vient après la repentance. C'est une bénédiction séparée du salut. C'est un privilège enraciné dans une foi déjà agissante dans le cœur du croyant. Actes 2.38 mentionne deux expériences chrétiennes différentes et séparées. La première est la régénération qui englobe le pardon, la justification et l'adoption. La seconde est l'entière sanctification.

Un autre exemple se trouve dans Actes 26 .18

| *... pour qu'ils reçoivent le pardon des péchés,* | *et l'héritage avec les sanctifiés par la foi en moi.* |

3.3 Une autre preuve évidente, que l'entière sanctification est une seconde œuvre de la grâce qui suit le salut se trouve dans les paroles mêmes de Jésus adressées à ses disciples et dans celles de Paul adressées à l'église primitive.

Jésus traitait ses disciples comme s'ils étaient déjà sauvés. Il s'adressait à eux comme s'ils étaient déjà régénérés. Selon Christ, leurs noms étaient déjà « écrits dans le ciel » (Luc 10. 20). Mais Jésus a prié le Père de « les sanctifier » (Jean 17.17) et leur a conseillés de se rendre à Jérusalem, où ils recevront le « baptême du Saint Esprit » (Actes 1.5).

Lorsqu'il écrivait à l'église de Rome, Paul remerciait Dieu de ce que leur foi était « renommée dans le monde entier » (Romains 1.8). Pourtant, il continuait en leur disant qu'il priait pour avoir l'opportunité de les visiter. Il voulait les voir pour leur communiquer des dons spirituels qui les fortifieraient (Romains 1.10-11). Il voulait qu'ils reçoivent la seconde bénédiction de l'entière sanctification.

Dans sa lettre aux Colossiens, Paul s'adresse à eux, disant « Fidèles frères en Christ » (Colossiens 1.2). Ils étaient sauvés. Mais ensuite, il les exhortait à vivre l'expérience de la sanctification.

En Colossiens 1. 22, il leur recommande d'être « saints, irrépréhensibles et sans reproche. »

QUESTIONS

1. Donnez quelques points de vue concernant l'instant de l'entière sanctification ? Assurez-vous d'inclure dans votre réponse le point de vue wesleyen.

_____
_____
_____
_____
_____
_____
_____
_____
_____
_____
_____
_____

2. Lisez Actes 10 dans votre Bible.

    a. Quel genre d'homme était Corneille ? _____
_____
_____

    b. Pensez-vous qu'il était un croyant ou non ? _____

    c. Que dit le verset 44 ? _____
_____

3. Que voulons-nous dire lorsque nous affirmons que l'entière sanctification se produit lors de l' « expérience d'une crise » ? _____
_____
_____

JESUS CHRIST ET L'ENTIERE SANCTIFICATION

4.1 La mort de Jésus a rendu la sanctification possible. Paul a écrit dans Ephésiens que Jésus-Christ s'est « *donné lui-même* » en sacrifice pour *pouvoir sanctifier* son église (Ephésiens 5.25-27). C'est la disposition et le but du calvaire. Rejeter l'appel à la sanctification, c'est rejeter ce que Jésus a voulu nous offrir en mourant sur la croix.

4.2 Wayne Caldwell a écrit :

> *Pourquoi le Fils unique de Dieu est-il mort ? Est-il mort uniquement pour nous sauver DANS nos péchés ? Bien sûr que non ! Il est mort pour nous sauver DE nos péchés. Mais il est mort également pour nous purifier de tous nos péchés et nos souillures. (The Wesleyan Advocate, Janvier 16, 1989, p. 3).*

Jésus Christ est mort pour notre justification et notre régénération. Il est également mort pour notre sanctification. Les Ecritures nous le montrent clairement. Hébreux 10.10 déclare,

> *C'est en vertu de cette volonté que nous sommes sanctifiés, par l'offrande du corps de Jésus-Christ, une fois pour toutes.*

4.3 Dieu veut que nous soyons entièrement sanctifiés. C'est tout à fait différent du pardon ou de la nouvelle naissance. Notre nouvelle vie en Christ est une chose merveilleuse. Un changement admirable s'opère quand une personne est sauvée. Lorsque cela arrive nous sommes habituellement très heureux. La paix nous envahit. Cependant, l'œuvre de la sanctification ne fait que commencer. Une attitude qui ne vient pas de Dieu demeure toujours en nous. Cette attitude doit disparaître !

Dieu, par son fils, Jésus, a prévu des dispositions afin que nous soyons délivrés de tout péché, á la fois du péché originel et des actes de péché. Le péché en tant qu'action est ôté au moment même où une personne invite Jésus dans sa vie par la repentance et la soumission à sa Seigneurie. Le problème du péché originel est résolu quand un croyant est entièrement sanctifié.

QUESTIONS

1. Qui rend la sanctification possible ? _____

2. Est-ce que devenir un enfant de Dieu par la repentance signifie la même chose qu'être entièrement sanctifié ? Expliquez votre réponse. _____
_____
_____
_____
_____
_____

5. LE SAINT ESPRIT ET L'ENTIERE SANCTIFICATION

5.1 Bien que Jésus ait rendu la sanctification possible, c'est le Saint Esprit qui opère l'entière sanctification du croyant. Jésus-Christ a dit qu'il était préférable pour ses disciples qu'il s'en aille parce que si il ne le faisait pas, le Saint-Esprit ne viendrait pas.

> *« Cependant je vous dis la vérité : il vous est avantageux que je m'en aille, car si je ne m'en vais pas, le consolateur ne viendra pas vers vous ; mais, si je m'en vais, je vous l'enverrai. » (Jean 16.7)*

Autrement dit, la mort de Jésus Christ à la croix, sa résurrection et son ascension ont permis au Saint Esprit de se répandre sur la race humaine.

5.2 La vérité que le Saint Esprit rend les gens saints est un des thèmes principaux du Nouveau Testament. Le livre des Actes se compose de deux importants messages qui sont :

> 1. Christ est ressuscité des morts et a accompli notre rédemption afin que tous soient sauvés.

> 2. Le don du Saint Esprit est accordé dans toute sa plénitude pour la sanctification et la réception de la puissance pour les croyants.

Dans le Nouveau Testament nous voyons que le Saint Esprit est donné aux croyants pour les rendre capables de vivre pour Dieu. Il ne sont plus morts à leurs péchés mais peuvent désormais vivre une vie sainte.

5.3 Par Jésus-Christ, Dieu a donné un moyen par lequel nous pouvons être libérés du péché, même du péché originel. Un remède a été trouvé contre notre nature pécheresse. Nous sommes responsables en tant que croyants, de garder nos pensées et nos cœurs ouverts à la purification, à, l'épuration, au raffinage, et à la puissance purificatrice du Saint Esprit au moment où il applique sur nous ce remède pourvu par Jésus Christ !

Témoignage

5.4 Il s'agit d'Israël Langa ; un professeur dans un institut biblique, ancien surintendant de district, trésorier régional, planteur d'églises et pasteur.

> *Je suis né et j'ai grandi dans un foyer chrétien. Mon éducation s'est passée dans des écoles catholiques. J'ai accepté le Seigneur quand j'étais encore jeune, mais je ne lui avais jamais soumis ma volonté. C'est seulement à l'âge de 23 ans que j'ai réellement donné ma vie au Maître. Pour la première fois de ma vie, j'eus la paix et la joie du cœur que procure sa présence.*

> *Le message de la sanctification était très clair pour moi puisque mes parents et d'autres prédicateurs prêchaient sans cesse sur le sujet quand j'étais un petit garçon. Mais, après que j'ai été lavé de mes péchés, J'étais loin de me douter que j'avais besoin de l'expérience de la sanctification dans ma vie. Je savais que je me trouvais bien comme cela et surtout, que j'avais peur de laisser au Saint Esprit le contrôle de ma*

vie. Je pensais que si j'étais sanctifié, je perdrais ma personnalité. En fait, je croyais qu'être rempli du Saint Esprit m'enlèverait la capacité d'user correctement de ma « raison ».

Par conséquent, ceci m'empêchait de rechercher la sanctification jusqu'au jour où j'ai compris pendant l'étude biblique que je donnais ainsi libre accès à Satan pour contrôler ma vie. J'ai également appris qu'une personne sanctifiée peut quand même faire des erreurs et que je n'allais pas perdre la raison ou ma personnalité si j'étais sanctifié.

C'est donc à ce moment-là que j'ai compris que je me privais sans le savoir, de sa plénitude et de ses bénédictions. J'ai également compris que ma chair était la principale cause du conflit qui se jouait dans ma vie. La Parole de Dieu a commencé à devenir une chose vivante dans ma vie. Je la comprenais mieux. A l'époque, j'avais écouté un sermon qui disait : « Si vous n'êtes pas remplis du Saint Esprit de Dieu, vous n'appartenez pas à Christ. » J'ai alors commencé à prier pour demander à Dieu de me sanctifier. Et il l'a fait !

Mon âme baignait dans une vie merveilleuse. Je me suis senti libéré de l'esclavage de ma propre nature. Mon amour pour Dieu et pour mon prochain devenait une réalité vivante dans mon cœur. J'ai commencé à témoigner à d'autres personnes de ma nouvelle joie. Je leur ai également partagé le sentiment de délivrance que je ressentais vis à vis du péché et de ma propre volonté. Je me sentais si bien d'être sanctifié.

Depuis ce jour, j'ai continué à croître et je désire toujours plus ardemment le Seigneur dans ma vie. Mon plus grand désir, désormais, est de servir Jésus Christ. Ma prière est qu'il appelle également mes enfants à le servir dans son ministère.

QUESTIONS

1. Quel est l'évènement qui rend la sanctification possible ? _____

_____

2. Qui opère la véritable sanctification des croyants ? _____

6. QUI EST LE SAINT ESPRIT ?

6.1 Il est bénéfique pour nous de prendre le temps de comprendre qui est le Saint Esprit.

Certaines personnes disent que le Saint Esprit est simplement une puissance. Pourtant, la Bible dit clairement que le Saint Esprit est une personne qui vit en chaque croyant. Elle nous enseigne également qu'il est Dieu et la troisième personne de la Trinité.

6.2 Le Saint Esprit est une personne. La Bible nous donne cinq preuves évidentes :

1. La Bible emploie « il » en parlant du Saint Esprit. Le Seigneur Jésus Christ utilise « il » lorsqu'il parle du Saint Esprit, par exemple quand il dit à ses disciples :

Leçon 5

« *Et moi, je prierai le Père, et il vous donnera un autre consolateur afin qu'il (le Saint-Esprit) demeure en vous éternellement.* » (Jean 14.16)

2. Le Saint-Esprit est intelligent. La Bible declare qu'il connaît les "profondeurs de Dieu." 1 Corinthiens 2.10-11 affirme:

... Car l'Esprit sonde tout, même les profondeurs de Dieu.Lequel des hommes, en effet, connaît les choses de l'homme, si ce n'est l'esprit de l'homme qui est en lui ? De même, personne ne connaît les choses de Dieu, si ce n'est l'Esprit de Dieu.

Seule une personne peut avoir cette sorte d'intelligence.

3. Le Saint-Esprit peut prendre des décisions. Par exemple, il donne à chaque croyant "comme il veut" (1 Corinthiens 12.11) Seule une personne peut prendre des décisions.

4. Le Saint-Esprit a des sentiments. Il peut ressentir de l'amour et de la colère. Romains 15.30 affirme:

Je vous exhorte, frères, par notre Seigneur Jésus Christ et par l'amour de l'Esprit, à combattre avec moi, en adressant à Dieu des prières en ma faveur.

Il est écrit en Ephésiens 4.30 :

N'attristez pas le Saint Esprit de Dieu.

5. Le Saint-Esprit fait des choses que seule une personne peut faire. (Apocalypse 2.7). Il peut intercéder (Romains 8.26). Il peut enseigner (Jean 14.26). Il peut diriger (Romains 8.14). Il peut choisir (Actes 20.2) et il peut fortifier (Actes 1.8).

6.3 Le Saint-Esprit est également Dieu. La Bible fait référence à lui comme étant Dieu. Il est la troisième personne de la Trinité.

1. Le nom du Saint-Esprit est mentionné en étant égal à celui du Père et du Fils. Matthieu 28.19 affirme:

Allez, faites de toutes les nations des disciples, les baptisant au nom du Père, du Fils et du Saint Esprit.

2 Corinthiens 13. 13 dit :

Que la grâce du Seigneur Jésus Christ, l'amour de Dieu, et la communion du Saint Esprit, soient avec vous tous !

2. Pierre, un des disciples du Seigneur Jésus Christ, a dit que le Saint Esprit était Dieu. Par exemple, lorsque le péché d'Ananias fut dévoilé publiquement, Pierre lui a dit qu'il avait menti au Saint Esprit. Puis il expliqua qu'Ananias n'avait pas menti à des hommes « *mais à Dieu* » (Actes 5.3-4).

3. Le Saint Esprit est appelé « Seigneur ». 2 Corinthiens 3.17-18 dit :

> *Or, le Seigneur c'est l'Esprit ; et là où est l'Esprit du Seigneur, là est la liberté. Nous tous qui avons le visage découvert, contemplons comme dans un miroir la gloire du Seigneur, nous sommes transformés en la même image, de gloire en gloire, comme par le Seigneur, l'Esprit.*

4. Le Saint Esprit possède des attributs qui appartiennent uniquement à Dieu. Il est éternel (Hébreux 9.14). Il est omniprésent (Psaumes 139.7-10). Il détient une puissance souveraine (Luc 1.35, 37). Il possède la connaissance « *des choses de Dieu* » (1 Corinthiens 2. 10-12).

6.4 La Bible enseigne que le Saint Esprit, qui vit en chaque chrétien, est une personne et il est Dieu. Nous pouvons ne pas tout à fait comprendre ce grand mystère sur la possibilité du Saint Esprit de vivre en chacun de nous. Cependant, nous n'avons pas besoin de tout comprendre. Nous devons juste croire que ce que la Bible dit est la vérité.

QUESTIONS

1. Qui est le Saint-Esprit ? _____
_____

2. Quelles sont les preuves évidentes que le Saint Esprit est une personne ? _____
_____
_____
_____
_____
_____

3. Citez quelques évidences démontrant que le Saint Esprit est Dieu. _____
_____
_____
_____
_____

LEÇON 6

Les buts de la leçon :

A la fin de cette leçon vous devriez être capable de :

   a. Expliquer les deux fausses idées majeures concernant le fait d'être rempli du Saint Esprit.

   b. Expliquer comment une personne devient entièrement sanctifiée.

   c. Expliquer quel rôle joue la foi dans le processus de l'entière sanctification.

Section 1 : LES FAUSSES IDEES

1.1 Il existe deux fausses idées majeures concernant le fait d'être rempli du Saint Esprit. Ce sont :

   1. Ceux qui ne sont pas remplis du Saint Esprit sont à moitié chrétiens.

   2. La plénitude du Saint Esprit doit s'accompagner de certains « signes » (dons) extérieurs.

1. Les chrétiens à moitié

1.2 Une fausse idée existe dans l'esprit de certains chrétiens qui jugent que si une personne n'est pas entièrement sanctifiée (rempli du Saint Esprit), elle n'est pas « totalement » chrétienne. Autrement dit, elle est seulement chrétienne à moitié. Cette façon de penser est fausse. La vérité est qu'une personne qui s'est repentie de ses péchés, qui a confessé Jésus Christ comme son Sauveur et Seigneur et qui vit une relation personnelle avec Dieu, EST chrétienne. John Oswalt a écrit :

> *Être rempli du Saint Esprit rendra votre vie chrétienne plus vivante et réelle, mais il ne vous rendra pas plus chrétien.(p. 17).*

La question que l'on serait tenté de soulever est celle-ci : « Si je suis déjà devenu chrétien lors de ma conversion, pourquoi ai-je besoin d'être entièrement sanctifié ? » Nous allons voir à nouveau les écrits de John Oswalt :

> *L'idéal serait que nous n'ayons pas besoin d'une expérience supplémentaire. L'idéal serait que Dieu puisse faire tout le nécessaire au moment de la conversion afin que nous vivions une vie à la ressemblance totale de Christ. Dans la réalité, il y a pourtant un problème. Ce problème se trouve en nous-mêmes et nous empêche de bénéficier de tout le potentiel qui est le nôtre en Jésus-Christ. Ce problème, c'est le péché. Il ne s'agit pas <u>des</u> péchés mais <u>du</u> péché. Les péchés sont des mauvaises actions. Le péché*

est une mauvaise tendance (ou habitude) qui provient du plus profond de notre nature égocentrique. (p. 17)

NOTA BENE : Si vous vous souvenez de notre leçon sur le péché, nous avions étudié « le péché vue comme une action délibérée » et « Le péché vue comme un état intérieur ».

QUESTIONS

1. Lorsque Oswalt parle du péché, en parle-t-il comme une « action délibérée » ou comme un état intérieur ? _____

2. Lorsque Oswalt parle du péché, de quelle sorte de péché parle-t-il ? _____
_____

***

1.3 Oswalt continue :

> *Lorsque la plupart d'entre nous venons à Christ, pendant la conversion, nous connaissons très peu de choses sur le péché. Nous sommes conscients de nos péchés, ou de notre méchanceté, même, mais nous sommes parfaitement inconscients de notre état de pécheur.*

> *... Probablement, certains chrétiens ne s'attaqueront jamais vraiment au problème du péché dans leur vie. Mais si nous sommes réellement déterminés à vivre pleinement notre vie chrétienne, à en suivre les directives, à parvenir au sommet, tôt ou tard, nous aurons à faire face à l'horrible réalité de cette attitude en nous qui dit : « Je ferai ce que je veux quand je le veux.*

Oswalt soulève une question que chaque croyant a le devoir de se poser dans sa marche spirituelle. La question est de savoir qui contrôle réellement « ma vie ? » En d'autres termes, il s'agit du thème de la soumission. C'est une chose de confesser nos péchés, d'implorer le pardon, et de laisser Jésus nous donner une nouvelle position dans le ciel. Mais, c'est tout autre chose de confesser que nous n'avons plus aucun droit sur notre vie, de confesser dans notre for intérieur que moralement et spirituellement notre vie est une ruine et que la seule chose sensée que nous pouvons faire est de nous soumettre entièrement à Dieu.

> *Imaginez un grand vent soufflant sur l'océan. Le ciel est d'un bleu étincelant. Les vagues sont agitées, elles commencent à peine à venir mourir sur le rivage et la mer fait étinceler ses écumes. Au large, on peut voir une petite embarcation. Mais, étrangement, la voile est soigneusement roulée et le marin a sorti les avirons, il rame, il combat ... contre ... les vagues, mais sans réussir à faire avancer l'embarcation malgré ses efforts.*

> *Il est entouré de toute la puissance du monde, pourtant, il ne peut faire avancer son embarcation. Quelles paroles pourrions-nous lui crier ? « Accroche-toi encore plus fermement mon frère ! » Bien sûr que non ! Nous lui dirons, « Dépose les rames, ...*

et dresse la voile. » Et s'il le fait, nous verrons la voile se gonfler et le petit voilier bondir en avant, le premier regard sinistre du marin serait vite remplacé par une joie paisible. Il en est de même pour nous. Si vous êtes un chrétien, le vent du Saint Esprit est déjà en train de mugir dans votre vie. Il reste simplement à vous soumettre totalement à lui. Déposez vos rames et levez la voile ! (p. 18)

2. Les dons extérieurs

1.4 Une autre fausse idée très répandue est la pensée selon laquelle l'effusion du Saint Esprit doit sûrement s'accompagner de « dons » extérieurs. Par exemple, on m'a dit que si une personne ne parle pas en « langues », elle n'est pas vraiment remplie du Saint Esprit. Wayne Caldwell a écrit ceci :

Une erreur courante est (de croire) que ce don (de parler dans des langues inconnues) est un signe du baptême du Saint Esprit. Tous ceux qui sont chrétiens ont le privilège d'être baptisés du Saint Esprit ... mais aucun don à part le Saint Esprit lui-même n'a été promis aux croyants.

Il n'est écrit nulle part que Jésus, qui avait en lui toute la plénitude de l'Esprit, ait parlé dans une langue autre que celle de sa naissance : l'araméen. D'autre part, dans tous ses enseignements concernant la venue du Saint Esprit ... il n'a parlé de signe d'une quelconque langue qui confirmerait cette expérience.(p. 154-155)

Nous ne trouvons nulle part dans les Ecritures que le parler en langue est le signe qu'un chrétien est entièrement sanctifié. Par contre, Les Ecritures nous disent que la preuve de la plénitude du Saint Esprit est la possession du fruit de l'Esprit.

En d'autres mots, l'amour, la joie, la paix, la patience, la bonté, la bienveillance, la fidélité, la douceur et la maîtrise de soi sont les évidences essentielles d'un croyant rempli du Saint-Esprit.

Après avoir écrit au sujet des dons spirituels dans 1 Corinthiens 12, Paul informa les croyants de Corinthe qu'il existait quelque chose de bien meilleur que les dons spirituels.

QUESTION

Quelle est la meilleure chose selon l'apôtre Paul ? _____

***

1.5 Un autre danger qui menace l'église est la classification hiérarchique et l'estimation des dons spirituels. Tout cela engendre l'orgueil au sein du « corps ». Certains vont commencer à considérer leur don comme étant plus important que ceux des autres. Quand cela arrive, c'est l'individu qui s'attribue la gloire et pas Dieu.

C'est une erreur courante de croire que ce don spirituel particulier est accordé à chaque chrétien rempli de l'Esprit. Ce n'est pas biblique. Ecoutez ce que dit Paul à l'église de Corinthe :

Tous, sont-ils apôtres ? Tous sont-ils prophètes ? Tous sont-ils docteurs ? Tous parlent-ils en langues ? Tous interprètent-ils ? (1 Corinthiens 12 :29-30)

La réponse à cette question est « Non ! » Même si nous sommes remplis du même Saint Esprit, nous avons tous reçu des dons spirituels différents selon la grâce et le plan de Dieu pour notre vie. Aussi, la réponse à la QUESTION « Si une personne est remplie du Saint Esprit (entièrement sanctifiée), doit-elle parler en langues ? est « Non ! ». »

Section 2 : COMMENT ETRE ENTIEREMENT SANCTIFIE ?

2.1 Pendant que vous réfléchissez sur le sujet de l'entière sanctification par le Saint Esprit, il se peut que vous vous posiez la question suivante :

Où est-ce que je me situe spirituellement ?

En répondant sincèrement aux questions suivantes, vous pourrez évaluer votre relation personnelle avec le Saint Esprit.

_____ Je me suis totalement soumis au Saint Esprit et à sa direction pour ma vie.

_____ J'apprends la Bible en faisant régulièrement la lecture, des études et la méditation.

_____ Je dépends du Saint Esprit pour m'aider à surmonter mes mauvais désirs.

_____ J'aime me retrouver en compagnie d'autres chrétiens pour la communion fraternelle, les études bibliques, et la prière.

_____ Les autres chrétiens me voient comme un chrétien heureux et joyeux.

_____ Quand les difficultés arrivent, j'ai la paix au plus profond de moi-même.

_____ Lorsque je suis conscient d'un péché dans ma vie, je le confesse immédiatement et je demande à Dieu de m'aider à mener une vie chrétienne victorieuse.

_____ Je suis doux et patient dans mes relations avec les autres et avec Dieu.

_____ Je grandis dans ma marche avec le Seigneur

_____ Je peux me rappeler un moment précis où le Saint Esprit m'a donné la force d'accomplir une tâche précise pour lui.

_____ J'ai un fardeau pour ceux et celles qui ne connaissent pas Jésus Christ.

_____ Je vais régulièrement vers les autres pour leur parler de Jésus et leur annoncer son évangile du salut.

Il y a cinq choses qu'un croyant doit faire s'il veut être entièrement sanctifié. D'abord, nous les citerons, ensuite, nous étudierons chacune d'elles en détail. (Extrait des écrits de Wayne Caldwell et de Keith Drury)

Leçon 6

    1. Admettre le besoin

    2. Reconnaître la disposition divine

    3. Saisir l'opportunité de l'entière sanctification

    4. Se confesser et se consacrer

    5. Recevoir par la foi

1. Admettre le besoin

2.2 Pour être entièrement sanctifié, une personne doit reconnaître son besoin d'être purifié de tout ce qui reste de la nature charnelle, ce que nous appelons le péché originel. Tous ceux qui ne voient pas la nécessité de devenir saints par l'expérience de l'entière sanctification, ne sont pas prêts pour le baptême du Saint Esprit.

R. A. Torrey affirme que toute personne qui a reçu la bénédiction de la sainteté était d'abord persuadée qu'elle ne pouvait pas vivre sans elle.

2.3 Le Dr Wayne Caldwell a écrit ces lignes :

> *Mais le Saint Esprit est fidèle. Il amènera toute conscience captive à la prise de conscience du péché originel et amènera toute âme obéissante à ressentir la faim et la soif de cette bénédiction (l'entière sanctification) ... .L'œuvre du Saint Esprit de nous enseigner et de faire naître dans notre cœur un sens aiguë du besoin. (The Wesleyan Advocate, September 1989, p. 3)*

2.4 La Bible est un des grands moyens qu'utilise le Saint Esprit pour parler à nos cœurs. En lisant et en étudiant la Bible, une personne peut arriver à reconnaître son besoin de sanctification. Juste avant que l'apôtre Paul n' écrive :

> *Ne vous enivrez pas de vin, c'est de la débauche. Au contraire, soyez remplis de l'Esprit. (Ephésiens 5.18)*

Il donne cette exhortation :

> *... comprenez quelle est la volonté de Dieu (Ephésiens 5.17)*

Comment quelqu'un peut-il connaître la volonté de Dieu ? Principalement par le moyen de la Bible.

Herb Van der Lugt a écrit :

> *Lis la Bible ! Etudie-la ! Sois édifié par elle ! Obéis à ses commandements ! Laisse-la te corriger ! La Parole de Dieu a été donnée pour faire de toi un chrétien accompli e et bien équipé. Tu ne peux devenir un chrétien rempli du Saint Esprit sans la parole de Dieu. (p. 14)*

2.5 Le Saint Esprit utilisera également la prière comme moyen pour aider l'individu à reconnaître son besoin de l'entière sanctification. Cela demandera des prières personnelles de celui qui recherche la sanctification ainsi que les prières des autres. Un croyant a fait le témoignage suivant :

> *Lorsque grand-mère Miller a compris mon besoin de sanctification, elle a commencé à prier pour moi. En fait, elle est venue me dire qu'elle priait pour moi afin que je sois entièrement sanctifié dans les jours qui venaient. Dieu a répondu à ses prières, parce que un mois plus tard, j'étais entièrement sanctifié.*

2.6 Dieu utilise même les défaites et les échecs pour sensibiliser une personne et l'aider à comprendre son besoin d'être entièrement sanctifié.

QUESTIONS

1. Quelle est la première chose qu'une personne doit faire avant d'être entièrement sanctifiée ? _____

2. Pouvez-vous citer au moins trois moyens par lesquels un individu peut arriver à reconnaître son besoin d'être entièrement sanctifié entière ? _____

_____

_____

_____

_____

_____

2. La reconnaissance des dispositions de Dieu

2.7 La Parole de Dieu dit clairement que Dieu est saint et qu'il exige que son peuple soit saint. La vie de sainteté commence à la nouvelle naissance. Nous appelons cette étape la sanctification initiale.

Il y a six choses qu'un croyant doit faire pour être entièrement sanctifié. Nous avons déjà vu la première : pour être entièrement sanctifié, un chrétien doit admettre le besoin.

2.8 La seconde étape (pour être complètement sanctifié) est la reconnaissance des dispositions de Dieu. La compréhension et la reconnaissance viennent lorsqu'un croyant accepte la vérité (de la Parole de Dieu) telle qu'elle est dite dans les versets suivants :

> *C'est pour cela que Jésus aussi, afin de sanctifier le peuple par son propre sang, a souffert hors de la porte. Sortons donc pour aller à lui, hors du camp, en portant son opprobre. (Hébreux 13.12-13)*

> *Maris, aimez vos femmes, comme Christ a aimé l'Eglise, et s'est livré pour elle, afin de la sanctifier par la parole après l'avoir purifiée par le baptême d'eau, afin de faire paraître devant lui cette église glorieuse, sans tâche, ni ride, ni rien de semblable, mais sainte et irréprochensible. (Ephésiens 5. 25-27)*

2.9 Le sang de Jésus-Christ a été répandu non seulement pour pardonner les péchés du monde, mais aussi pour laver et purifier ses disciples maintenant et pour l'éternité. Cet extrait est du Dr Wayne Caldwell :

> *Une source remplie de son sang a été ouverte par Jésus Lui-même pour tout péché et toute impureté. (Zacharie 13.1). L'expiation de Christ a été accomplie pour libérer le croyant du péché originel, ... qui fut transmis à toute la race humaine par Adam et Eve. Ceux qui plongent dans la source de sang et réclament les promesses de Dieu seront totalement (entièrement) sanctifiés. (The Wesleyan Advocate, October 1989, p. 3)*

QUESTION

Quelles dispositions les croyants doivent-ils reconnaître s'ils veulent être entièrement sanctifiés ? _____

3. Saisir l'opportunité de l'entière sanctification

2.10 La troisième étape pour être entièrement sanctifié, c'est de saisir l'opportunité d'"être lavé et purifié. L'acceptation de cette opportunité conduira finalement le croyant vers l'expérience de l'entière sanctification. Ce que nous voulons dire par là, c'est qu'à un moment précis, une personne est amenée à vivre cette expérience et de là, elle sait qu'elle a été baptisée du Saint Esprit.

2.11 Même si la volonté de Dieu est que tous les croyants soient entièrement sanctifiés, il ne les forcera pas à l'être. Il a donné à chacun de nous la capacité de faire ses propres choix. Nous devons décider personnellement si vous voulons être sanctifié ou non. Mais, bien que Dieu ne force personne à être baptisé du Saint Esprit, il offre de nombreuses occasions de connaître cette expérience de l'entière sanctification, et ceci, à cause de son amour.

Je connais une personne qui a suivi Jésus depuis qu'elle était un tout petit enfant jusqu'au moment où elle est devenue une adolescente. Toutefois, sa marche avec le Seigneur est devenue inconstante quand elle est devenue plus âgée. Son enthousiasme passé s'était refroidi. L'une des raisons ayant causé cette situation, était qu'elle n'avait pas saisi les opportunités de l'entière sanctification qui s'étaient offertes à elle. Par exemple, au lieu de répondre à l'appel à la sanctification du pasteur, elle se retenait, jusqu'au jour où quelqu'un lui a demandé si elle ne souhaitait pas être entièrement sanctifiée et elle avait répondu qu'elle le ferait une autre fois. Pourtant, lorsque d'autres occasions se présentaient, elle ne répondait jamais à l'appel de Dieu pour être entièrement sanctifiée.

QUESTIONS

1. Dieu force-t-il un croyant à être sanctifié ? _____

2. Qui doit décider si un croyant va être entièrement sanctifié ou non ? _____

_____

3. Jusqu'à présent, nous avons vu trois choses qu'un croyant doit faire s'il veut être entièrement sanctifié. Ecrivez ci-dessous ces choses :

1. _____

2. _____

3. _____

4. Se confesser et se consacrer

2.12 Nous voulons continuer à observer deux choses supplémentaires que le croyant doit faire pour être entièrement sanctifié. Un croyant doit aussi confesser tous les obstacles qui l'empêchent de marcher totalement dans la voie de Dieu. Il doit être conscient de la présence du péché originel dans sa vie et ensuite le confesser au Seigneur. Il doit non seulement confesser ces attitudes comme l'égoïsme, la jalousie, l'envie, l'entêtement et la colère malsaine mais également les barrières qui se dressent à cause du travail, des relations, de la famille, et des amis. Le Dr Wayne Caldwell a écrit à ce propos :

Il faut confesser toutes ... les barrières. Aucune intention, aucun désir, aucune personne dans notre vie passée, présente, et future, ne doit passer avant Dieu.

> *Quel que soit l'obstacle, le talent, la difficulté ou encore la persécution, ou la famine, ou la nudité, ou le danger, ou l'épée, ou la mort ou la vie, ou les anges ou les démons, ou les dominations ou quelque autre chose que ce soit parmi la création (Romains 8. 35, 38-39) ---ces choses ne peuvent pas nous séparer de Dieu et elles ne le devraient pas si nous devons être (entièrement) sanctifiés. (The Wesleyan Advocate, December 1989, p. 3)*

2.13 Le rêve de Robert était de devenir enseignant. Mais un jour, il sentit l'appel de Dieu à être pasteur. Robert pensa : « Je n'ai pas envie d'être un pasteur. Etre pasteur signifie que je devrais quitter ma ville natale où vivent toute ma famille et mes amis pour aller habiter un autre endroit où je ne connaîtrai personne. »

Pendant plusieurs années Robert résista à l'appel de Dieu à être pasteur. Mais il a réalisé qu'il n'était pas du tout heureux. En réalité, il était malheureux. Robert prit conscience qu'il ne pourrait jamais être heureux tant qu'il n'aurait pas obéi à Dieu.

Robert décida d'accepter l'appel de Dieu à être pasteur. Pour se préparer, il se rendit à l'école biblique, où il rencontra une jeune fille chrétienne. Ils s'aimaient beaucoup et firent des projets de mariage. Cependant, cette jeune fille n'était nullement prête à devenir femme de pasteur.

Un jour, le Seigneur parla à Robert et lui dit que la jeune fille qu'il envisageait d'épouser n'était pas le bon choix pour lui. Robert se disait en lui-même : « Je ne peux pas la quitter ! » Un combat commença entre la volonté de Robert et celle de Dieu. Mais, malgré son conflit, il avait toujours un profond désir d'être un chrétien authentique. Il recherchait l'entière sanctification.

Quelles étaient les obstacles auxquels Robert devait faire face et qu'il devait confesser avant de pouvoir être entièrement sanctifié ? _____

_____

2.14 Après une période de lutte, Robert décida de nouveau, de se soumettre à la volonté de Dieu. Il confessa qu'il avait lutté contre la volonté de Dieu pour sa vie. Il confessa également qu'il avait placé sa famille, ses amis et sa petite amie avant Dieu.

Quelque soit la chose ou la personne à qui un croyant accorde la première place avant Dieu, dans sa vie, ceci constitue un obstacle à l'expérience de l'entière sanctification. Ces barrières doivent être confessées.

Après la confession, le croyant doit ensuite consacrer sa vie entière à Dieu. Autrement dit, le croyant doit abandonner totalement sa vie à Dieu, à sa seigneurie et à sa direction. L'accent est mis sur le terme « totalement ». Dieu nous veut entièrement. Cela inclut notre temps, nos talents, nos pensées, nos finances, nos espoirs, nos aspirations, nos loisirs, nos amitiés, nos habitudes et notre futur. Il désire être le Seigneur et le Maître de chaque infime partie de notre vie. Keith Drury a écrit :

> *« Il sait ce qui est le mieux pour nous, et il nous presse avec tendresse pour que nous lui abandonnions notre vie toute entière. Il veut nous diriger, nous guider, nous utiliser et nous transformer à l'image parfaite de son fils ... l'entière sanctification c'est ... .l'action d'offrir à Christ le contrôle de ma vie entière. (p. 78)*

QUESTIONS

1. D'après la leçon d'aujourd'hui, qu'est-ce qu'un croyant a l'obligation de confesser à Dieu avant d'être entièrement sanctifié ? _____

_____

2. Décrivez certaines barrières à l'entière sanctification _____

_____

_____

_____

_____

***

2.15 Après avoir confessé les barrières, le croyant doit également accepter de s'abandonner totalement à Dieu. En d'autres termes, il doit être animé par le désir de consacrer sa vie entière à Dieu. Il doit être capable de répondre « oui » à la QUESTION « Désires-tu que le Saint Esprit te sanctifie entièrement ? »

5. Recevoir par la foi

2.16 Nous sommes entièrement sanctifiés par le Saint Esprit, par la foi. Il ne peut y avoir de sanctification sans la foi. Les déclarations suivantes ont été adaptées de l'étude sur la Sainteté du Dr Drury :

La foi n'est pas un sentiment. Il ne s'agit pas tout simplement d'une émotion qui donne au croyant le sentiment que Dieu va accomplir un miracle dans sa vie.

La foi n'est pas un désir. Nous pouvons désirer la purification et la puissance. Bien que ce désir soit important, il est différent de la foi.

La foi n'est pas l'espérance. Nous avons le droit d'espérer un jour arriver à l'entière sanctification. Certaines personnes aiment dire qu'elles savent que Dieu a le pouvoir de les sanctifier. Mais ceci n'est pas la foi. Cela n'a pas le pouvoir de purifier nos cœurs.

La foi n'est pas une simple connaissance des faits. Nous pouvons accepter le fait que Dieu peut purifier et donner la puissance. Nous pouvons même croire que c'est vrai parce que nous l'avons lu dans la Bible. Nous sommes même capables de citer des faits au sujet de l'entière sanctification. Mais, connaître des faits au sujet de l'entière sanctification n'est pas l'entière sanctification elle-même.

Tous ces éléments ci-dessus sont présents lorsque nous recevons l'entière sanctification. Il y a les sentiments, les désirs, l'espérance, et la connaissance des faits. Mais rien de tout ceci ne signifie la foi. Nous recevons les dispositions de Dieu lorsque nous les saisissons par la foi et les acceptons. La foi sanctificatrice est la confiance dans la promesse effective de Dieu (dont la réalisation est en cours). Cela veut dire la recevoir, maintenant. C'est recevoir la purification et la puissance, et pas seulement espérer en leur réalisation. C'est bien plus que de dire : "Je veux être entièrement sanctifié. C'est dire, plutôt : « Je reçois cette oeuvre dans mon cœur---ici même, et maintenant. » (Drury, p. 79)

2.17 Bill Bright dans ses écrits, affirme que nous pouvons être entièrement sanctifiés par la foi parce que Dieu a promis qu'il peut nous sanctifier et nous sanctifiera si nous le lui demandons. Dieu répond toujours quand nous prions selon sa volonté.

> *« Nous avons auprès de lui cette assurance, que si nous demandons quelque chose selon sa volonté, il nous écoute. Et si nous savons qu'il nous écoute, quelque chose que nous demandions, nous savons que nous possédons la chose que nous lui avons demandée. » (1 Jean 5.14-15)*

QUESTIONS

Comprendre et expérimenter l'entière sanctification et la vie de sainteté sont la volonté de Dieu pour chaque croyant. Les questions suivantes sont destinées à vous aider à expérimenter cette œuvre de la grâce et à vous aider efficacement, si vous ne menez pas en ce moment une vie de sainteté.

1. Menez-vous une vie de sainteté, en ce moment ?
   (Si votre réponse est positive, remerciez le Seigneur pour ce fait. Si votre réponse est négatif, continuez et répondez aux questions suivantes.)

2. Désirez-vous vraiment être entièrement sanctifié pour que votre seul désir soit de plaire à Dieu, par vos pensées, vos paroles, et vos actions ?

3. Désirez-vous tellement cette œuvre de Dieu que vous seriez prêt à tout sacrifier pour la recevoir ?

4. L'œuvre de l'entière sanctification est un partenariat entre vous et Dieu. La part de Dieu est la sanctification, la purification de votre cœur de tout péchés et la puissance de le servir. Votre part est votre consécration à lui, tout lui abandonner.

   a. Maintenant, consacrez un moment pour parler à Dieu. Dites-lui que vous voulez tout abandonner entre ses mains. Ensuite, écoutez dans une attitude de prière, le Saint Esprit. Vous montre t-il un domaine de votre vie que vous n'avez pas encore soumis à Jésus-Christ ?

   b. Priez pour dire à Dieu que vous voulez aussi abandonner entre ses mains, ces choses qu'il vous a révélées.

   c. Visualisez mentalement toutes ces choses entassées sur l'autel des sacrifices en guise d'offrandes à Dieu. Pendant que vous ferez cela, rappelez-vous qu'il y a encore autre chose qui doit être ajoutée au tas. Dieu VOUS veut ! Si vous êtes également prêt à vous soumettre à Dieu, vous le serez pour être entièrement sanctifié. Vous pouvez dire à Dieu que vous lui soumettez votre vie toute entière.

   d. Un croyant est sanctifié par la foi. La prière est un moyen d'exprimer notre foi. Ce qui suit est un modèle de prière que vous pouvez dire à Dieu :

   > *Cher Père,*
   >
   > *J'ai besoin de toi. Je suis conscient que c'est moi qui contrôlais ma vie ; et par conséquent j'ai péché contre toi. Je te remercie d'avoir pardonné mes péchés par la mort de Christ sur la croix. Je t'invite, maintenant à prendre le contrôle total de ma vie. S'il te plaît, remplis-moi de ton Saint Esprit tel que tu as commandé que je le sois. Je sais par la foi que je peux être entièrement sanctifié parce que tu l'as promis dans ta Parole. Je prie cela dans le nom de Jésus. Par la foi, je te remercie de prendre maintenant le contrôle de ma vie et de me sanctifier entièrement par le Saint Esprit.*
   >
   > *Amen.*

Cette prière exprime-t-elle le désir de votre cœur ? Si c'est le cas, vous pouvez prendre le temps maintenant de prier Dieu et de lui demander de vous remplir du Saint Esprit.

L'avez-vous fait ? _____

Section 3 : LA FOI ET NON LES EMOTIONS

3.1 Beaucoup de personnes pensent que si elles ne ressentent rien après avoir prié pour demander l'entière sanctification, ceci veut dire qu'elles n'ont pas été effectivement sanctifiées. Il est important pour les croyants de comprendre que nous ne pouvons pas dépendre uniquement de nos émotions.

Nous avons appris précédemment que nous sommes entièrement sanctifiés par la foi. La promesse de la Parole de Dieu est notre autorité. Nous ne devons pas être dirigés par nos émotions. Tout croyant vit par la foi. Il croit en la véracité de Dieu et en sa Parole, la Bible.

QUESTIONS

1. Selon 1 Jean 5.14 et 15, quel est le premier moyen par lequel un croyant peut savoir qu'il a été entièrement sanctifié ? _____
_____
_____

2. Quand vous avez demandé à Dieu de vous sanctifier entièrement, vous êtes-vous senti différent ? _____

***

3.2 Durant mes nombreuses années de ministère, j'ai connu un bon nombre de personnes qui recherchaient l'entière sanctification. Certains, après avoir prié, témoignaient qu'ils ressentaient un changement s'opérer dans leur vie. Un homme a dit qu'il sentait comme si il était rempli de l'amour de Dieu, des pieds à la tête. D'autres, après avoir demandé l'entière sanctification, ont témoigné qu'ils n'avaient ressenti aucun changement, mais, par la foi, ils savaient que le Saint Esprit les avait comblés. Le point que je veux souligner ici, est le suivant : certaines personnes sentent des émotions tandis que d'autres ne sentent rien quand elles prient pour l'entière sanctification. Ce n'est pas que l'une est bonne et l'autre mauvaise mais la réalité est que nous sommes tous sanctifiés par la foi et non par les émotions.

3.3 Bill Bright a écrit à ce propos :

> *Si vous leur posiez la question dans les cinq minutes qui suivent la cérémonie, un marié et une mariée vous diront qu'ils ne ressentent pas qu'ils sont vraiment mariés. C'est tellement nouveau et irréel pour eux. Ils n'ont pas encore vraiment commencé leur relation maritale même si une transaction légale les unissant a eu lieu. Pourtant, demandez-leur une année plus tard, s'ils ont le sentiment d'être mariés et vous aurez une réponse bien différente. (p. 186)*

Samuel Logan Brengle a déclaré que l'un des obstacles à l'entière sanctification est « la foi imparfaite ». Il écrit :

Tous ceux qui sont nés de Dieu et ont le témoignage du Saint Esprit pour leur justification savent ... que ce n'est pas par leurs bonnes œuvres, ou par leurs efforts dans l'accomplissement des bonnes œuvres qu'ils ont été sauvés, mais c'est « par grâce, par le moyen de la foi ». (Ephésiens 2. 8). Mais, bon nombre de ces personnes semblent croire que nous devons croître dans la (entière) sanctification, ou que nous devons l'obtenir par nos propres œuvres. Le Seigneur a réglé toutefois cette question et a levé tout doute lorsqu'il a dit à l'apôtre Paul qu'il l'a envoyé vers les gentils pour « ouvrir leurs yeux et pour qu'ils passent des ténèbres à la lumière, et de la puissance de Satan à Dieu, afin qu'ils puissent recevoir, par la foi en moi, le pardon des péché, et l'héritage avec les sanctifiés. » (Actes 26.18) (Ils ont été rendus saints, non par les oeuvres, ni par la croissance, mais par la foi). (Vers la sainteté, p. 14-15)

John Wesley écrit : « De la même manière que nous sommes justifiés par la foi, nous sommes aussi sanctifiés par la foi. » (p. 37)

3.4 Il existe trois éléments pour la sanctification par la foi, il s'agit de :

1. La connaissance
2. L'acceptation
3. La confiance

La probabilité que nous connaissions un fait mais que nous n'acceptions pas sa réalité existe. Par exemple, je parlais un jour avec un homme qui affirmait avec insistance que la terre est plate. Rien de ce que je pouvais lui dire ne pouvait changer sa façon de penser. Son argument était que si la terre était ronde, nous ne tiendrions pas debout, nous tomberions tous. De la même manière, une personne peut peut-être, savoir que la Bible dit que tous les hommes sont pécheurs et ne peuvent se sauver eux-mêmes, sans toutefois être prête à accepter cette vérité.

Dans la sanctification par la foi, nous devons prendre en considération l'enseignement sur l'entière sanctification tel qu'il est mentionné dans la Bible et l'accepter comme étant la vérité. Néanmoins, ceci n'est pas encore suffisant. Beaucoup de personnes peuvent accepter certains enseignements sans jamais y croire personnellement. Je sais que Shaka était un grand chef qui a vécu en Afrique. Je suis d'accord que c'est un fait historique vrai. Mais je ne mets pas ma confiance en Shaka. Je ne m'attends pas à ce qu'il fasse quelque chose pour moi.

Par la foi, le croyant s'approprie la connaissance de l'entière sanctification telle qu'elle est mentionnée dans la Bible, il accepte que c'est la vérité puis fait confiance à Dieu pour que cette œuvre s'accomplisse dans sa vie.

QUESTIONS

1. Quelqu'un de votre église s'approche de vous, et vous dit : « J'ai prié pour être entièrement sanctifié mais je n'ai rien ressenti. Le Saint Esprit ne m'a probablement pas sanctifié. » Que pourrez-vous répondre à cette personne ? _____
_____
_____

_____
_____
_____

2. Décrivez les trois éléments de la « foi » et dites quel rôle ils jouent dans l'entière sanctification d'une personne ? _____

_____
_____
_____
_____
_____
_____
_____
_____
_____

3. Quelles sont les cinq choses qu'un croyant doit faire pour être entièrement sanctifié ?

1. _____

2. _____

3. _____

4. _____

5. _____

LEÇON 7

Buts de la leçon :

A la fin de cette leçon, vous devriez être capable de :

a. Citer les marques de l'entière sanctification d'un croyant.

b. Citer de mémoire Actes 1.8

c. Citer de mémoire Galates 5.22 et 23.

Section 1 : LES MARQUES DE L'ENTIERE SANCTIFICATION

1.1 D'après la Parole de Dieu, quiconque a été entièrement sanctifié devrait le savoir à travers au moins quatre marques présentes dans sa vie :

1. Un désir de communion fraternelle avec les autres chrétiens
2. Un désir de louer Dieu
3. Un désir de rendre grâce à Dieu
4. Un désir de soumission

Avant de commencer à parler de ces marques, prenez votre Bible et lisez Ephésiens 5. 19-21.

1. Un désir de communion fraternelle avec les autres chrétiens

1.2 L'une des marques de l'entière sanctification est le désir intense d'avoir la communion fraternelle avec les autres chrétiens. L'apôtre Paul dit que les croyants sanctifiés communiquent avec les autres par des *« psaumes, des hymnes et des cantiques spirituels »* (Ephésiens 5.19). Cela ne signifie pas que les croyants entièrement sanctifiés communiqueront toujours avec les autres par des chants. Mais Paul fait plutôt allusion à la communion fraternelle.

Les croyants entièrement sanctifiés aiment chanter ensemble. Ils aiment se retrouver avec les autres. Ils attendent avec impatience les cultes à l'église parce qu'ils savent que les autres chrétiens seront présents. Ils aiment rendre visite et faire des choses avec les autres croyants.

Un vendredi soir, nous avions invité quelques amis chrétiens à dîner. Nous avions beaucoup apprécié notre repas avec eux. Après le repas, nous avions causé et joué à différents jeux. Ensuite, nous avions prié ensemble pendant un moment. Ce moment de communion fraternelle fut un mélange de détente, d'encouragement mutuel, d'édification et d'amour chrétien.

2. Un désir de louer Dieu

1.3 Un second indice de l'entière sanctification est le désir du croyant d'offrir des chants de louange à Dieu. En effet, pour le chrétien sanctifié, louer devient comme une seconde nature.

Paul a écrit dans Ephésiens 5.19, que les croyants sanctifiés ont une habitude de chanter et de louer Dieu dans leur cœur. John Stott écrit à ce propos :

> *Sans aucun doute, le chrétien rempli de l'Esprit a un chant de joie dans son cœur et l'adoration publique de croyants remplis de l'Esprit est une célébration joyeuse des actions merveilleuses de Dieu. (p. 206)*

J'ai eu l'occasion de louer et d'adorer Dieu dans beaucoup d'endroits différents. J'ai été dans des églises où la louange était très bruyante et exubérante. Mais, j'ai également assisté à des cultes très paisibles et solennels. Dans chacune de ces circonstances, la louange avait sa place et je savais que Dieu était présent au sein de l'assemblée.

1.4 Qu'est-ce que la louange ? La louange consiste à glorifier, élever et aimer Dieu avec nos lèvres et nos voix. Le mot « louange » vient d'un ancien mot qui signifie : « baiser la main ». Dans certains pays, un baiser sur la main exprime un amour et un respect profonds. Un croyant qui a été entièrement sanctifié aime et respecte Dieu, de tout son cœur, de toute son âme et de toute sa pensée.

1.5 Le désir de louer Dieu montre également que le croyant entièrement sanctifié ne veut pas uniquement penser à lui-même et à ses propres intérêts. Désormais, son désir est de fixer son regard sur Dieu. Paul Billheimer dit :

> *Voici une des grandes valeurs de la louange, elle détourne notre attention de notre personne. La louange et l'adoration dues à Dieu exigent que nous détournions notre attention de nous-mêmes pour la fixer sur Dieu. On ne peut pas louer Dieu sans mettre de côté nos préoccupations personnelles. La louange produit l'oubli de soi, et l'oubli de soi est bénéfique.*

1.6 Il existe tant de choses pour lesquelles le croyant entièrement sanctifié voudrait louer Dieu. Par exemple, ils loueront Dieu pour *Son nom*. Le psalmiste a dit

> *Non pas à nous, mais à ton nom donne gloire. (Psaumes 115 :1)*

Ils loueront également le Seigneur pour *Sa justice*. « La justice » signifie « se conformer aux normes considérées comme bonnes et justes. » Dieu doit être loué parce qu'il est la norme de la justice.

Ils loueront aussi Dieu pour *Sa Parole*. Le Roi David a écrit :

> *Je me glorifierai en Dieu, en sa parole (Psaumes 56.11)*

Les raisons de louer Dieu sont innombrables. Dick Eastman écrit dans un de ses livres : « Puisque Dieu est infini, notre louange sera sans fin. » (p. 27)

3. Un désir de rendre grâce

1.7 La troisième marque du croyant entièrement sanctifié est un cœur reconnaissant en toutes circonstances. Paul a écrit dans Ephésiens 5.20 :

> *Rendez continuellement grâces pour toutes choses à Dieu le Père, au nom de notre Seigneur Jésus-Christ.*

Dans ses lettres, Paul rendait continuellement grâces à Dieu. Il encourageait aussi ses lecteurs à faire de même en suivant son exemple.

John Stott a dit que « Un esprit plaintif (ou revêche) n'est pas compatible avec le Saint Esprit. » (p. 207). Se plaindre (ou murmurer) était l'un des péchés courant du peuple israélite. Ils se « plaignaient » toujours de Dieu et de son serviteur, Moïse. Or, les croyants entièrement sanctifiés ne sont pas remplis de murmures mais de d'actions de grâce.

L'action de grâce est différente de la louange. La louange se concentre sur *qui* est Dieu, alors que la reconnaissance se concentre sur *qu'est-ce-que* Dieu a fait exclusivement pour moi.

QUESTION DE REFLEXION :

Avez-vous déjà essayé d'établir une liste de toutes les choses pour lesquelles vous pouvez louer Dieu ? Je suis sûr que votre liste sera très longue. En fait, il vous faudra certainement des heures pour le faire. Toutefois, prenez le temps et essayez d'établir une liste de choses de remerciements à Dieu.

Notez certaines choses dont vous êtes reconnaissant envers Dieu :

_____

_____

_____

_____

_____

_____

Maintenant, vous pouvez prier et remercier Dieu pour chaque chose que vous avez notée sur votre liste.

4. Un désir de soumission

1.8 La quatrième trace démontrant qu'une personne est entièrement sanctifiée est qu'elle aura un profond désir de se soumettre totalement. En Ephésiens 5. 21, il est dit :

> *Vous soumettant les uns aux autres dans la crainte de Christ.*

Parfois, une personne prétendant être rempli du Saint Esprit devient agressive, autoritaire et insolente. Mais, le Saint Esprit est un esprit humble. En vérité, les personnes remplies du Saint Esprit sont humbles et douces comme Jésus Christ.

Un croyant marqué par l'entière sanctification est soumis, aussi bien aux autres croyants qu'à Jésus Christ. Les personnes véritablement sanctifiées entretiendront une relation harmonieuse avec Dieu (l'adorant avec un cœur joyeux et reconnaissant) et avec les autres (communiquant les uns avec les autres et se soumettant mutuellement). En d'autres termes, ils ont de l'amour pour Dieu et pour les autres croyants.

1.9 Concernant la soumission, le croyant entièrement sanctifié se soumet à ses dirigeants. En fait, il fait preuve d'un esprit de coopération dans le travail.

> *L'histoire du Méthodisme et des groupements modernes de la sainteté enseigne que l'expérience de la sainteté permet non seulement d'accepter les responsables mais aussi de promouvoir la collaboration personnelle avec les dirigeants dans le but d'accomplir l'œuvre de Dieu.(p. 214)*

Les croyants sanctifiés prient pour leurs dirigeants. Ils accomplissent les choses que l'on attend d'eux. Ils n'adoptent pas une attitude critique mais plutôt un esprit d'amour et de profond respect pour leurs dirigeants.

QUESTIONS

1. Quelles sont les quatre marques d'une personne entièrement sanctifiée ? Expliquez brièvement la signification de chacune d'elles.

a. _____
_____

b. _____
_____

c. _____
_____

d. _____
_____

2. Vous trouverez ci-dessous différentes déclarations.

Ecrivez « Oui » devant les déclarations qui montrent qu'un croyant réunit les marques de l'entière sanctification.

Ecrivez « Non » devant celles qui montrent que la personne ne réunit pas les marques de l'entière sanctification.

_____ Sam aime adorer Dieu et être avec les autres chrétiens.

_____ Joseph se plaint toujours de quelque chose.

_____ Marc a toujours besoin d'être le premier en tout.

_____ Même quand elle traversait des moments difficiles, Aline remerciait toujours Dieu.

_____ Nicolas a un esprit très humble.

_____ Tanguy était très orgueilleux

_____ André voulait que Dieu soit glorifié.

3. Quelle sorte de relation un croyant sanctifié devrait-il avoir avec ses dirigeants dans l'Eglise ? _____

_____

Section 2 : MARQUES SUPPLEMENTAIRES DE L'ENTIERE SANCTIFICATION

2.1 Nous avons noté des marques dans la vie du croyant entièrement sanctifié. Nous avons appris que celui qui est rempli du Saint Esprit doit avoir :

> Le désir de communion fraternelle avec les autres croyants
> Le désir de louer Dieu
> Le désir de rendre grâces
> Le désir de soumission

Nous désirons maintenant regarder à trois marques supplémentaires d'une vie remplie du Saint Esprit. Il s'agit de :

> 1. La compassion
> 2. L'assurance
> 3. La puissance

Prenez votre Bible et lisez Actes 1.8 et Actes 4.31-33

1. La compassion

2.2 Les disciples dans Actes 1.8 avaient reçu l'enseignement selon lequel quand ils seraient remplis du Saint Esprit, la compassion pour ceux qui ne connaissaient pas Jésus-Christ remplirait leur cœur. Avec cette compassion dans leur cœur, ils seraient des témoins, partageant avec le monde, l'amour et le salut de Dieu. Actes 1.8 est un bon verset à mémoriser pour les chrétiens. Consacrez du temps à lire et à mémoriser ce verset. Une fois que vous avez mémorisé Actes 1. 8, écrivez-le dans l'espace ci-dessous.

_____

_____

_____

_____

***

2.3 Etre rempli du Saint Esprit signifie être obéissant à la volonté de Dieu. Jésus-Christ a ordonné à tous les croyants d' *« aller et de faire des disciples de toutes les nations. »*

Selon Matthieu 5.13 et 14, Dieu veut que les chrétiens soient le sel et la lumière du monde. Comme « lumière du monde », les croyants doivent être les porteurs de la Bonne Nouvelle du salut.

Dans Actes 4.31, nous lisons que les disciples étaient « remplis du Saint Esprit et annonçaient la Parole avec assurance. » Ils savaient qu'annoncer Jésus christ pouvait avoir pour conséquence la persécution, les souffrances physiques et même la mort. Pourtant, leur souci du bien-être spirituel des croyants était plus fort que leur crainte de la mort.

Prenez votre Bible et lisez Romains 10.1. L'apôtre Paul déclare en écrivant ces paroles : « le vœu de mon cœur et ma prière à Dieu pour eux est qu'ils soient sauvés. » En d'autres termes, Paul a un grand fardeau pour les Israélites qui n'ont pas accepté le don de la vie éternelle de Dieu par Jésus Christ.

QUESTIONS

1. Quelle est la préoccupation des croyants sanctifiés ? _____
_____

2. A quoi la préoccupation des croyants sanctifiés devait-elle les conduire à faire ? _____
_____

***

2. L'assurance

2.4 Avant d'être remplis du Saint Esprit, les disciples étaient remplis de crainte. Plusieurs d'entre eux avaient fui en assistant à l'arrestation de Jésus dans le Jardin. Durant le procès de Jésus dans le corridor du grand prêtre, une jeune fille avait provoqué une grande frayeur à Pierre en le dénonçant comme étant un des disciples de Jésus. Quand les soldats présents l'avaient interrogé pour savoir la vérité, Pierre avait juré et même blasphémé pour prouver qu'il n'avait jamais connu Jésus.

Mais, après avoir été remplis du Saint Esprit le jour de la Pentecôte, quelque chose arriva parmi les disciples. Ils ne parvenaient plus à cacher leur foi en Jésus Christ. Bien au contraire, ils commencèrent à prêcher la Parole de Dieu avec assurance. Animés d'un nouvel esprit de courage, ils se mettaient à annoncer l'absolue vérité du salut de Dieu, sans se soucier des dangers qu'ils encourraient.

Après avoir été rempli du Saint Esprit, Pierre reçut une grande assurance. Il se levait, élevait la voix et prêchait aux foules qu'ils avaient besoin de se repentir et de suivre Jésus Christ. Actes 4. 31 dit :

> *Quand ils eurent prié, le lieu où ils étaient assemblés trembla ; ils furent tous remplis du Saint Esprit, et ils annonçaient la Parole de Dieu avec assurance.*

2.5 Un jour, j'ai vu le pasteur Richard se promener. Lorsque je l'ai observé plus attentivement, j'ai cru voir qu'il parlait tout seul. Je me suis approché de lui et lui ai demandé ce qu'il faisait. Il m'a répondu : « je suis en train de prier. Je vais prêcher d'un instant à l'autre. Alors, je demande au Saint Esprit de me donner de l'assurance au moment où je partagerai la Parole. »

QUESTIONS

1. Avant le jour de la Pentecôte, de quoi était rempli l'esprit des disciples de Jésus ? _____

_____

2. Après la Pentecôte, comment les disciples avaient-ils partagé la Parole de Dieu ? _____

_____

3. Qu'est-ce qui a permis ce changement ? _____

3. La puissance

2.6 Prenez votre Bible et lisez Luc 24.49. Selon ce verset, Jésus avait dit à ses disciples de rester dans la ville. Pourquoi faire ? _____

***

2.7 Jésus a annoncé à ses disciples que la puissance du Saint Esprit les remplirait. Ils seraient « revêtus de la puissance d'en Haut. » Keith Drury a écrit à ce sujet,

> *Dieu ne veut pas nous purifier et nous renouveler pour le plaisir de nous placer sur un piédestal afin que les gentils saints qui ne veulent pas s'impliquer avec les perdus nous admirent. Il désire plutôt que nous devenions parfaitement obéissants et remplis de puissance pour travailler pour lui.*

> *La sanctification est pour le service. Servir signifie être « envoyé. » Envoyé où ? Envoyé dans un monde rempli de maux et de ténèbres mais avec la lumière pure ... .La purification et la puissance me sont accordées pour que je puisse œuvrer ... pour que je puisse prendre la lumière de l'Evangile et le sel d'un témoin chrétien et ainsi travailler dans le monde des ténèbres. Après avoir reçu la puissance, nous devenons des témoins efficaces. (p. 71)*

Actes 4. 33 dit :

> *Rendez avec beaucoup de force témoignage de la résurrection du Seigneur Jésus.*

QUESTION

1. D'après cette leçon, quels sont les trois marques supplémentaires d'un croyant entièrement sanctifié ?

1. _____
2. _____
3. _____

Section 3 : LE FRUIT DE L'ENTIERE SANCTIFICATION

3.1 Dans sa lettre aux Corinthiens, l'apôtre Paul insiste sur le fait que la vie d'un croyant rempli du Saint Esprit, d'un individu entièrement sanctifié sera marquée de neuf qualités qu'il appelle « le fruit de l'Esprit. » Lorsque ces qualités sont présentes dans la vie d'un croyant, c'est une marque sûre qu'il a été entièrement sanctifié.

MEMORISER :

Prenez votre Bible et regardez dans Galates 5.22-23. Ce sont de bons versets que chaque croyant devrait mémoriser. Prenez le temps de mémoriser ces deux versets. Lorsque vous serez sûr de les connaître sans avoir besoin de regarder dans la Bible, alors vous l'écrivez dans l'espace ci-dessous :

_____

_____

_____

_____

_____

***

3.2 Une personne qui a été entièrement sanctifiée porte le fruit de l'Esprit dans sa vie.

Pour le reste de cette leçon, nous regarderons les neuf qualités qui constituent le fruit de l'Esprit

1. L'amour

3.3 La vie de sainteté est une vie d'amour. Il est tout à fait normal que Paul commence cette liste avec l'amour. Dieu est amour. Puisque le Saint Esprit est divin, il est aussi amour. Ainsi, c'est un amour divin qui remplit le cœur du croyant entièrement sanctifié.

De nombreux érudits de la foi croient que les neufs éléments mentionnés comme le fruit de l'Esprit sont en réalité des manifestations de l'amour.

3.4 Les Grecs ont trois termes spéciaux pour désigner « l'amour. » Ce sont : « éros », « philéo » et « agape ». « Eros » signifie l'amour physique ou comme quelqu'un a dit, la passion. Ce type d'amour n'est pas le fruit de l'Esprit dont parle l'apôtre Paul.

« Philéo » veut dire l'affection, l'amour que l'on éprouve pour les amis, la famille. Ce n'est pas non plus ce mot que l'apôtre Paul utilise pour parler de l'amour. En réalité, il fait usage du mot grec « agape. »

L' « agape » est le type d'amour que Dieu aimerait voir en chaque chrétien, contrairement à l'amour physique et à l'amitié. Charles Carter a écrit :

> *C'est l'amour qui exprime le cœur du commandement suprême : aime Dieu de tout ton coeur, de toute ton âme, de toute ta force et de toute ta pensée. Et aime ton prochain comme toi-même. (p. 295)*

Leçon 7

« Agape » signifie l'amour désintéressé.

William Barclay définit l'amour agape comme une bienveillance irrésistible, une bonne volonté invincible.

Barclay dit aussi :

> *L'amour agape exige l'implication de tout notre être. L'amour chrétien ne doit pas seulement s'étendre à nos proches et aux personnes qui sont chères à notre cœur, à notre ... propre famille, à nos amis et à ceux qui nous aiment ; on doit manifester l'amour chrétien à nos frères en Christ, à nos voisins, à notre ennemi, au monde entier.*

> *L'agape concerne la pensée : ce n'est pas simplement une émotion qui surgit spontanément dans notre cœur; c'est un principe avec lequel nous choisissons délibérément de vivre. L'amour agape concerne la volonté. ... Personne n'a jamais aimé ses ennemis d'un amour naturel.*

> *L'agape ... est la puissance d'aimer les personnes peu attachantes, d'aimer les personnes que nous n'aimons pas.*

> *L'agape est l'esprit qui déclare : « Quelque soit ce qu'un homme peut me faire, Je ne chercherai jamais à lui faire du mal, je ne chercherai jamais à me venger ; Je ne chercherai rien d'autre que son bonheur suprême. » (p. 20-22)*

L'agape est surnaturel dans le sens qu'il est impossible à un être humain d'atteindre une telle dimension de l'amour par ses propres efforts. Ce type d'amour peut être présent dans sa vie si et seulement si, il a été entièrement sanctifié par le Saint Esprit. Herb Van Der Lugt donne la définition suivante de l'agape :

> *C'est une attitude qui nous prédispose à placer Dieu, et, les autres avant notre propre personne. Un esprit qui nous dispose à donner, à servir, et à pardonner. (p. 21)*

3.5 Paul soutient que l'amour est la plus grande qualité qu'on peut trouver dans la vie chrétienne. Il présente l'amour comme le produit de premier choix d'une vie remplie du Saint Esprit. Pour John Wesley, la vraie religion c'est l'amour. Il a écrit :

> *Admets dans ton cœur que dès l'instant où Dieu t'a sauvé de tes péchés, tu ne chercheras rien d'autre, sinon l'amour décrit dans le treizième chapitre de 1 Corinthiens.(p. 65)*

3.6 Jésus a dit qu'il faudrait avoir l'amour et le vivre pour obtenir la vie éternelle. En d'autres termes, affirmer simplement qu'une personne a l'amour-agape n'est pas suffisant. Il est nécessaire aussi de mettre cet amour-agape en action.

> *Ayant eu l'occasion, un jour, un maître de la loi s'est levé pour piéger Jésus. « Maître » a-t-il dit : « Que dois-je faire pour hériter de la vie éternelle ? »*

« Qu'est-il écrit dans la loi ? » répondit-il. « Que dit-elle ? »

Il répondit : « Tu aimeras le Seigneur ton Dieu de tout ton cœur, de toute ton âme et de toute ta force et de toute ta pensée : et tu aimeras ton prochain comme toi même. »

« Tu as répondu correctement » répondit Jésus". « Fais cela et tu vivras. » (Luc 10.25-28)

Paul a dit que rien dans la vie n'a de valeur si il n'y a pas l'amour. (1 Corinthiens 1.3-1-3)

En d'autres termes, les personnes entièrement sanctifiées n'ont pas reçu l'amour pour le garder égoïstement pour eux-mêmes. Ils doivent, au contraire le mettre en action par leurs paroles et leurs actes, ils témoigneront ainsi l'amour de Dieu aux autres.

QUESTIONS

1. Quel genre de fruit doit manifester une personne sanctifiée ? _____
_____

2. D'après l'apôtre Paul, quelle devrait-être la plus grande qualité dans la vie chrétienne ?
_____

3. Qu'est ce que l'Agape ? _____
_____
_____
_____
_____

4. Outre le fait de posséder l'amour, qu'est-ce que le chrétien entièrement sanctifié devrait faire de cet amour ? _____

2. La Joie

3.7 Le deuxième élément du fruit de l'Esprit que nous examinerons est la joie.

La joie est un esprit de contentement. Cette joie est enracinée dans notre foi. Ce n'est pas le résultat de choses terrestres. En vérité, c'est un contentement qui trouve sa source en Dieu.

R.E Howard a écrit que : « ... La joie ne dépend pas des circonstances; mais les épreuves doivent être au contraire transformées par la joie. » (p. 106)

3.8 Quelqu'un a décrit la joie comme un contentement exprimé en chant dans une attitude optimiste. La joie est le bonheur qui émane de la vie du croyant. Donald Metz a écrit que :

« Ceux qui sont entièrement sanctifiés connaissent la plus grande joie de la vie chrétienne (Jean 17.13). La joie est continuellement présente dans la vie du croyant sanc-

tifié parce qu'elle est exemptée de culpabilité et de condamnation. La joie est la marque de la vie de sainteté parce que la puissance du péché est détruite et réduite à néant tant au niveau des actions, que de la conscience. (p. 193)

3.9 Un jour, j'étais de passage dans une église et, le pasteur m'a invité à rendre visite à une famille de l'église avec lui. Lorsque nous sommes arrivés, nous avons été conduits dans une chambre où se trouvait un jeune homme alité. Pendant que nous parlions, j'ai compris que ce jeune homme souffrait d'une maladie qui atrophiait tous ses muscles. Le docteur avait déclaré qu'il ne pourrait plus jamais marcher. En fait, il avait été informé que dans peu de temps, il perdrait complètement l'usage de ses bras et de ses mains. Pourtant, au lieu d'être amer, ce jeune homme continuait à aimer le Seigneur Jésus-Christ de tout son cœur et son visage était rayonnant de joie. Il m'a dit : « Même si, je ne peux pas bouger pour aller faire le travail de Dieu, je le ferai à partir de mon lit. Chaque jour, je prie pour mon pasteur, pour les membres de l'église, pour les responsables chrétiens, les responsables du gouvernement et les missionnaires dans le monde. »

QUESTIONS

1. Quelles sont les raisons qui expliquent qu'un croyant peut être rempli de joie ? _____

_____

_____

_____

2. Les chrétiens sanctifiés témoignent-ils de la joie uniquement quand tout va bien dans leur vie ? Justifiez votre réponse. _____

_____

_____

_____

3. La paix

3.10 Le troisième élément du fruit de l'Esprit est la paix.

Comment définiriez-vous la paix ? _____

***

3.11 La paix émanant d'une personne sanctifiée provient d'une vie parfaitement en harmonie avec Dieu, avec son prochain et avec soi-même. La sainteté nous délivre de trois domaines de tensions et de conflits :

    1. L'inimitié contre Dieu
    2. La culpabilité
    3. Les conflits avec les autres

Une personne peut trouver la paix avec Dieu par la foi en Jésus Christ. Ainsi, cette nouvelle relation de paix devient le fondement d'une vie paisible avec soi-même et avec les autres.

Etant donc justifiés par la foi, nous avons la paix avec Dieu par notre Seigneur Jésus Christ. (Romains 5.1)

3.12 La paix règne dans la vie d'un individu lorsque Dieu lui a pardonné ses péchés. Le pardon libère de la culpabilité et du poids du péché.

Quand une personne se consacre entièrement à Dieu, la paix vient régner dans sa vie. La personne n'a plus besoin de lutter pour savoir à qui elle doit obéir. Il n'y aucune paix dès l'instant où une personne mène un conflit intérieur pour décider si elle suivra ses propres désirs ou bien la volonté de Dieu. Le règne de la paix arrive lorsque nous sommes capables à la fin de dire : « Mon Dieu, tu sais ce qu'il y a de meilleur pour moi, et pour ma vie. Et, puisque je me confie en toi, je t'obérai en tout. »

La sainteté délivre la paix dans la vie du croyant. La sanctification du croyant s'accomplissant dans la paix, toutes tensions avec les autres dues à la jalousie, à l'envie, à la méchanceté, à la haine et à l'orgueil disparaissent.

3.13 John Eadie a écrit que :

La paix des personnes entièrement sanctifiées est d'abord la paix avec Dieu, ensuite la paix avec elles-mêmes ... enfin, la paix avec leur entourage. La paix n'est pas la libération des difficultés et des souffrances ... la paix est cette sérénité intérieure qui provient d'une relation harmonieuse avec Dieu et de motivations intérieures pures.(p. 442)

QUESTIONS

1. Avec qui une personne sanctifiée a –t-elle la paix ? _____
_____

2. Pourquoi une personne sanctifiée peut-elle être en paix avec les autres ? _____
_____
_____
_____

3. Ecrivez Galates 5.22-23. _____
_____
_____

4. La patience

3.14 Le quatrième élément du fruit de l'Esprit est la patience. La patience est la vertu de ne jamais abandonner. D'une manière générale, cette vertu ne fait pas référence à la patience envers les choses ou les évènements. En réalité il fait plutôt référence à la patience envers les personnes.

Je connais un ami chrétien qui aime dire : « Nous ne devrions jamais désespérer du cas de quelqu'un, quelque soit son caractère difficile. »

3.15 De même que Dieu a été patient avec nous, nous devons nous aussi être patients avec les autres.

> *En toute humilité et douceur, avec patience, vous supportant les uns les autres avec charité. (Ephésiens 4.2)*

William Barclay a écrit :

> *Si Dieu avait été un être humain, il y a bien longtemps qu'il aurait détruit ce monde; mais il possède cette patience qui supporte tous nos péchés et nous aide. Dans nos relations parfois difficiles avec les autres, nous devons aussi manifester ce même amour, cette même persévérance, ce même pardon et cette même attitude patiente dont Dieu fait preuve envers nous. (p. 51)*

3.16 Chrysostome décrit la patience comme « La grâce accordée par celui qui pourrait se venger en personne, mais choisissant d'y renoncer. » Un homme patient est un homme lent à la colère. Il n'a pas un esprit de vengeance.

Les « premiers » Grecs pensaient que c'était une attitude vertueuse de ne jamais accepter l'insulte ou l'injure. Pour les Grecs, un homme fort était celui qui cherchait toujours à se venger. Mais, pour le chrétien, un homme fort est celui qui ne cherche jamais à tirer vengeance de son prochain même si il a la possibilité de le faire.

QUESTIONS

1. Quelle est la raison principale qui doit nous inciter à être patients avec les autres ? _____
_____

2. Expliquez avec vos propres mots ce que signifie cette phrase : « un chrétien ne doit jamais désespérer du cas d'une personne. » Donnez quelques exemples. _____
_____
_____
_____
_____

3. D'après les Grecs, qu'est-ce qui déterminait le caractère d'un homme fort ? _____
_____

Selon la Bible, qu'est-ce qui caractérise un chrétien « fort » ? _____
_____

5. La bonté

3.17 En parlant du fruit de l'Esprit, il est important pour nous de comprendre que nous ne pouvons pas en être l'auteur par nos propres efforts.

Qui produit le fruit de l'Esprit dans la vie du croyant sanctifié ? _____
_____

***

3.18 Paul utilise le terme « Fruit » au lieu de «œuvre. » Un homme ne peut pas produire de fruit. Il n'en a pas le pouvoir. Une « œuvre » est une chose que l'homme produit pour lui-même. Or, un fruit provient d'une force qu'il ne possède pas. Seul Dieu peut produire du fruit.

3.19 La bonté est le cinquième élément du fruit de l'Esprit. Cet élément est lié à la courtoisie et à la politesse. Il comporte l'idée de traiter les autres comme nous aimerions qu'ils nous traitent.

Un croyant sanctifié est tenu d'être doux et respectueux envers les autres. Il n'y a pas de place pour la brutalité, les mauvaises manières et l'indécence dans une vie de sainteté. Bien au contraire, la bonté impose une attitude de respect envers les autres.

3.20 R. E. Howard nous dit dans ses écrits que :

> *La bonté de Dieu vise à nous conduire à la repentance, de manière qu'elle s'exprime par le pardon … .Cette bonté qui est en l'homme se révèle davantage lorsque nous pardonnons aux autres comme Christ nous a pardonnés. (p. 107)*

Romains 2. 4 dit :

> *… ou méprises-tu les richesses de sa bonté, de sa patience et de sa longanimité, ne reconnaissant pas que la bonté de Dieu te pousse à la repentance ?*

QUESTIONS

1. De quelle manière un croyant sanctifié doit-t-il traiter les autres ? _____
_____

2. De quelle manière un sanctifié rempli de bonté doit-t-il éviter de traiter les autres ? __
_____

3. Comment Dieu nous montre t-il son amour ? _____
_____

4. Comment pouvons-nous témoigner notre bonté aux autres ? _____

6. La bienveillance

3. 21 Le prochain élément que Paul cite dans la liste du fruit de l'Esprit est la bienveillance. Parmi tous les éléments du fruit de l'Esprit, la « bienveillance » est certainement l'une des plus difficile à définir avec exactitude.

L'homme, sans la foi en Dieu, est capable d'accomplir des bonnes œuvres pour les autres de temps à autre. Cependant, faire constamment du bien aux autres, est au-dessus de ses capacités.

La bienveillance est l'amour en action. Elle se manifeste par des actions selon les circonstances. C'est un amour qui se manifeste tant dans la routine de la vie de tous les jours que dans les moments difficiles ou dans les cas d'urgence.

La bienveillance se manifeste par une conduite ouverte, honnête, pure et généreuse. Elle n'est pas réservée à un groupe d'individus. Mais, c'est un amour qui touche tout le monde quelque soit la nationalité, la race, l'éducation ou le niveau social.

Jacques 2.1-9 dépeint un portrait de croyants qui ne pratiquent pas la « bienveillance. »

QUESTIONS

1. Prenez votre Bible et lisez Jacques 2.1-9

    a. Comment fut traité l'homme riche ? _____

    _____

    b. Comment fut traité l'homme pauvre ? _____

    _____

    c. Selon le verset 1, qu'est-ce que les croyants doivent éviter de manifester ? ____

    d. Selon le verset 8, comment devons-nous traiter les autres qu'ils soient pauvres ou riches ? _____

    _____

2. Comment manifester la « bienveillance' » ? _____

_____

3. Quand la "bienveillance" se manifeste-t-elle ? _____

_____

7. La fidélité

3.22 La stabilité et la loyauté résultent de la plénitude du Saint Esprit. C'est de cela qu'il s'agit lorsque nous parlons de fidélité. Elle est la caractéristique d'une personne digne de confiance, fiable et honnête.

La plénitude du Saint Esprit pourra l'aider à rester fidèle à Dieu. Ainsi, dans les moments difficiles et éprouvants, le croyant rendu fidèle persévérera dans sa marche. Il demeurera plutôt loyal au Sauveur de sa vie.

A part le fait de rester loyal envers Dieu, le croyant va demeurer également loyal envers les autres chrétiens. Il sera toujours un « co-équipier » des autres chrétiens, travaillant en collaboration avec eux pour bâtir le Royaume de Dieu.

Le croyant fidèle le sera aussi envers son conjoint et vice versa. La confiance régnera entre mari et femme. William Barclay a écrit à ce propos :

Aucune église et aucun mariage ne peut tenir s'ils ne sont pas basés sur la loyauté. (p. 110)

3.23 Un croyant qui est fidèle est aussi quelqu'un à qui on peut se fier et sur qui on peut compter. Si on lui confie une responsabilité, il s'en acquittera. S'il dit qu'il fera quelque chose, vous pouvez être sûr qu'il le fera. S'il dit qu'il sera là à une heure donnée, vous pouvez être sûr qu'il y sera là l'heure dite. Adam Clarke définit la « fidélité » comme :

La ponctualité dans l'accomplissement des promesses faites, le soin consciencieux mis dans la préservation de ce qui nous a été confié, ... par une bonne gestion des affaires dont nous sont sommes chargés ... .par une bonne préservation du secret d'un ami ou d'une confidence m'ayant été faite par notre employeur. (p. 1166)

QUESTIONS

1. Quand les difficultés surviennent dans la vie d'un croyant, que devra-t-il faire par rapport à sa relation avec Dieu s'il est fidèle ? _____

_____

2. Outre la loyauté du croyant envers Dieu, à qui d'autre doit-il sa loyauté ? _____

_____

3. Que fera un croyant fidèle lorsqu'on lui confiera une tâche ? _____

_____

4. Jusqu'ici, nous avons vu sept éléments du fruit de l'Esprit. Pouvez-vous vous rappeler lesquels ? Ecrivez-les dans l'espace ci-dessous.

1. _____   2. _____

3. _____   4. _____

5. _____   6. _____

7. _____

8. La douceur

3.24 La douceur a parfois été traduite par « l'humilité ». Toutefois, dans le langage d'aujourd'hui, le terme « humble » est souvent interprété par « faiblesse » ou « couardise. »

Pourtant, la vraie douceur peut être décrite comme une force contrôlée. Elle peut être illustrée à travers l'image d'un animal apprivoisé et qui est sous contrôle. Donc, la douceur n'est pas une faiblesse mais plutôt une force. Celui qui est doux possède une force de caractère suffisante pour être un individu tempéré, doux et bon dans les situations tendues. Les faibles ne possèdent pas la force d'être doux.

L'idée de douceur dans la Bible a en réalité trois sens :

a. L'idée de soumission. S'il s'agit d'un chrétien, il est soumis à Dieu.

b. L'idée de ne pas être orgueilleux au point de comprendre qu'on a toujours quelque chose à apprendre. Autrement dit, qu'on a besoin d'être enseigné.

c. Dans la plupart des cas, la douceur fait référence à la considération qu'on a pour les autres.

Le contraire de la douceur serait l'arrogance, l'orgueil, l'égocentrisme et la vantardise.

3.25 Je connais un homme qui est considéré comme l'un des meilleurs prédicateurs de la Bible dans le monde. Un jour, quelqu'un lui a demandé s'il lui était difficile d'écouter d'autres serviteurs de Dieu, prêcher. Il donna ceci comme réponse : « Non ». Il continua en disant qu'un homme de Dieu devrait avoir assez d'humilité pour apprécier l'enseignement ou la prédication des autres. Voilà en partie, ce que signifie être humble.

R.E. Howard a écrit que lorsque nous sommes doux (humbles),

> *Nous traitons chaque individu avec courtoisie, nous sommes capables de reprendre sans nourrir de rancœur, nous pouvons discuter sans manifester de l'intolérance, nous pouvons accepter la vérité sans avoir aucun ressentiment, nous pouvons nous vexer mais sans commettre de péché et nous pouvons être doux sans être faible. (p. 108)*

QUESTIONS

1. Citez quelques caractéristiques d'un croyant possédant la douceur ? _____
_____
_____
_____
_____
_____

2. Etre doux signifie t-il la même chose qu'être faible ? Expliquez votre réponse. _____
_____
_____
_____
_____

3. Citez quelques caractéristiques d'une personne ne possédant pas la douceur. _____
_____
_____

9. La maîtrise de soi

3.26 Le dernier élément du fruit de l'Esprit cité par Paul dans Galates 5, est la maîtrise de soi.

Celui qui possède la maîtrise de soi est maître de ses appétits, de ses humeurs et de ses passions.

Adam Clarke décrit la maîtrise de soi comme du « self-control, de la modération dans la prise de nourriture, de boisson, dans le sommeil, etc. » (p. 1166)

Bien que la maîtrise de soi fasse référence à la restriction personnelle de toutes les passions et convoitises de la chair, elle comporte aussi une mise en pratique claire d'une pureté sexuelle.

« La maîtrise de soi est la vertu qui permet à un homme d'être tellement maître de lui-même qu'il est capable d'être le serviteur des autres. » (p. 52).

C'est la volonté de Dieu, que ses enfants vivent dans le monde mais demeurent purs face à l'immoralité. Ceci n'est possible que si on possède la maîtrise de soi qui est un des éléments du fruit de l'Esprit. La maîtrise de soi, ou comme R.E Howard le décrit, la « maîtrise de la pensée », doit être effective dans chaque domaine de notre vie quotidienne.

QUESTIONS

1. Quelle sorte de fruit un individu entièrement sanctifié va t-il porter ? _____
_____

2. Donnez la référence biblique d'où est extraite la liste du fruit de l'Esprit donnée par Paul : _____
_____

3. Dans quels domaines de sa vie, un homme devrait-il exercer la maîtrise de soi ? _____
_____

4. Qui produit le fruit de l'Esprit dans la vie du croyant ? _____

LEÇON 8

Buts de la leçon

A la fin de la leçon, vous devriez être en mesure de :

a. Expliquer trois choses que les personnes entièrement sanctifiées ont compris au sujet des dons spirituels.

b. Indiquer qui détermine le don spirituel qu'un croyant va recevoir.

c. Décrire quelques actions qu'un chrétien peut faire pour découvrir son don spirituel.

d. Commencer à identifier le(s) don(s) spirituel(s) que vous avez peut-être reçu(s).

Section 1 : LA SAINTETE ET LES DONS SPIRITUELS

1.1 Il est important que nous discutions de la relation existant entre les dons du Saint Esprit et la sainteté. Paul a commencé son enseignement à ce sujet en disant :

> *Pour ce qui concerne les dons spirituels, je ne veux pas que vous soyez dans l'ignorance. (1 Corinthiens 12.1)*

L'ignorance concernant les dons spirituels a causé beaucoup d'incompréhensions au sein de l'Eglise. Certaines églises rejettent totalement les dons du Saint Esprit. D'autres, quant à elles, insistent plus sur un don que sur un autre. Or le grand danger causé par l'ignorance sur les dons de l'Esprit, est qu'un trop grand nombre d'églises se focalisent davantage sur la croissance centrée sur elles mêmes au lieu de se focaliser sur le service.

L'individu entièrement sanctifié comprend trois choses concernant les dons spirituels :

1. Les dons spirituels sont accordés aux croyants pour les rendre aptes au service de Dieu.

2. Il existe différents dons spirituels.

3. Le Saint Esprit détermine qui reçoit quel don de l'Esprit.

1. Les dons spirituels sont accordés aux croyants pour les rendre aptes au service de Dieu

1.2 Le chrétien entièrement sanctifié est appelé à servir. On ne mettra jamais assez l'accent sur ce point. La personne entièrement sanctifiée vit pour servir Dieu et son prochain. Elle n'est pas à la recherche de postes importants, mais elle est plutôt heureuse d'être au service du Seigneur Jésus-Christ.

QUESTIONS

Prenez votre Bible et lisez Matthieu 20. 20-28.

1. Un jour, alors que Jésus marchait, la mère de Jacques et Jean s'approcha de lui. Qu'a-t-elle demandé à Jésus de faire ? _____

_____

_____

Exprimez avec vos propres termes ce qu'elle voulait pour ses deux fils. _____

_____

_____

2. Qu'est-ce que Jésus a répondu à la mère des fils de Zébédée ? (Avec vos propres mots)

_____

_____

_____

3. Selon le verset 26, comment un croyant acquiert-il « la grandeur » ? _____

_____

4. Selon le verset 28, pourquoi Jésus est-il venu ? _____

_____

***

1.3 William Barclay déclare que les dons spirituels n'ont jamais été destinés à glorifier un membre de l'église. Bien au contraire, les dons spirituels furent donnés pour l'utilité commune. Autrement dit, les croyants ont reçu les dons de l'Esprit pour le service et non en vue d'une glorification personnelle. Dans son livre intitulé « Full Surrender » J. Edwin Orr dit que :

> *Le principal but de l'effusion du Saint Esprit est la capacité à servir. Par conséquent, le témoignage essentiel de l'effusion du Saint Esprit est la puissance reflétée dans le service. (p.11)*

Chaque croyant doit collaborer avec l'Esprit de Dieu et prendre l'engagement d'offrir le meilleur service pour le Royaume de Dieu. Wayne Caldwell a écrit à ce propos :

> *Nous n'avons pas reçu les dons spirituels pour nous faire admirer ni pour nous exhiber mais pour l'utilité commune. Si les dons de l'Esprit sont utilisés en dehors de ce principe de service, l'objectif premier ne sera jamais atteint et ceci causera de la confusion, du scandale et de la publicité malsaine. (p. 112).*

1.4 Il existe beaucoup de définitions utiles des dons spirituels. En voici trois :

1. Une qualification particulière accordée par le Saint Esprit à chaque croyant pour le rendre capable de servir au sein du corps de Christ.

2. Une capacité spirituelle divinement inspirée grâce à laquelle Christ rend son église capable de servir et d'accomplir sa tâche sur terre.

3. Une aptitude extraordinaire accordée par le Saint Esprit d'une manière souveraine et imméritée aux croyants afin qu'ils soient des instruments consacrés au service chrétien et à l'édification de l'église.

Le but essentiel du « service » se trouve dans chacune de ces définitions.

Dans quelles circonstances l'utilisation des dons spirituels peut-elle provoquer la confusion dans l'église ? _____

_____

2. Il existe différents dons spirituels

1.5 Le second élément que les croyants entièrement sanctifiés comprennent au sujet des dons spirituels est leur variété. Ceci signifie qu'il existe différents dons spirituels. Nous pouvons le constater dans des passages de la Bible comme 1 Corinthiens 12. 8-11, 28-30 ; Romains 12. 5-8 et Ephésiens 4. 8-11. William Barclay a écrit que :

L'église est le corps du Christ et la caractéristique d'un corps sain (en bonne santé) c'est que chacune des membres joue son rôle pour le bon fonctionnement du corps entier. Mais, unité ne veut pas dire uniformité et donc, il existe au sein de l'Eglise, différents dons et différents rôles mais chacun d'eux est un don du même Esprit, ….. pour le bien de tous. (p. 224)

Wayne Caldwell déclare :

Dieu est un Dieu de diversité. Cela se vérifie non seulement dans l'univers parmi les milliers d'espèces et de variétés de plantes et d'animaux existants, mais aussi dans la sphère spirituelle où l'Esprit accorde une grande diversité de dons pour équiper les croyants pour le service. (p. 85)

Bien qu'il existe une diversité de dons spirituels, cependant, ils servent toujours à l'édification de l'Eglise et non à sa division.

QUESTIONS

Prenez votre Bible et lisez 1 Corinthiens 12

1. Selon le verset 4, combien de sortes de dons existe-t-il ? _____

2. Selon le verset 11, de qui les dons spirituels sont-ils l'œuvre ? _____

3. Selon Paul au verset 7, pour quoi les dons spirituels ont-ils été donnés ? _____

_____

4. Du verset 12 au verset 26, quelle image utilise Paul pour illustrer les dons spirituels ?

_____

5. Du verset 12 au verset 26, quel enseignement Paul tente t-il de donner aux chrétiens ?

_____

3. Dieu décide qui reçoit quel don de l'Esprit

1.6 Ce n'est pas par le pouvoir de l'homme que nous recevons les dons spirituels. Ce n'est ni par les études ni par la formation que nous pourrons acquérir un quelconque don du Saint Esprit.

> *Nous n'avons pas reçu les dons spirituels comme une récompense ou un dédommagement pour services rendus. On n'obtient pas les dons de l'Esprit par des moyens humains. Ce serait faire preuve de prétention de vouloir choisir le(s) don(s) que le Saint Esprit voudrait nous accorder.*

> *Quiconque réclame un don, un rôle ou une position particulière dans le service de Dieu n'y a pas sa place. Ceci est illustré par la requête de Jacques et de Jean. Ils ont demandé à Jésus de leur accorder des positions privilégiées dans son royaume. Bien que l'enseignement de ce récit ne concerne pas les dons spirituels la pensée que Jésus désire souligner ici est la même. (p. 116)*

Parlant des dons spirituels, l'apôtre Paul a dit :

> *Un seul et même Esprit opère toutes ces choses, les distribuant à chacun en particulier comme il le veut. (1 Corinthiens 12.11)*

> *1.7 Nous, chrétiens, nous avons la responsabilité de découvrir nos dons spirituels bien que c'est Dieu qui décide quel(s) don(s), nous recevrons. Une fois que nous distinguons notre don, nous devons l'exercer dans l'Eglise et pour annoncer la bonne nouvelle de Jésus autour de nous.*

> *J'aimerais vous prodiguer quelques conseils sur la manière de découvrir son propre don spirituel.*

1. **Vous devez avoir tout d'abord la volonté de travailler.** Dieu a donné des dons spirituels aux chrétiens pour une seule raison. Il y a une tâche à accomplir. Les chrétiens doivent toujours se rappeler que les dons spirituels ne doivent pas servir pour notre glorification personnelle mais pour équiper l'enfant de Dieu pour le service, autrement dit, pour travailler pour Dieu.

2. **Vous devez être engagés dans la prière.** Jacques 1. 5 dit :

> *Si quelqu'un d'entre vous manque de sagesse, qu'il la demande à Dieu, qui donne à tous simplement et sans reproche.*

Nous devons demander sincèrement et ouvertement à Dieu, sa direction dans le domaine des dons spirituels. Ainsi, il libérera l'incroyable potentiel qui est en nous pour que nous exercions un ministère qui portera du fruit.

3. **Vous devez être engagés dans l'étude de la Bible.** Les chrétiens devraient lire les principaux passages bibliques concernés par les dons spirituels. C'est par la lecture de la Parole de Dieu que nous commençons à comprendre le sens des dons spirituels et leur mode d'utilisation.

Un croyant qui est indifférent à la parole de Dieu et la lit selon les circonstances ne pourra jamais connaître la volonté de Dieu pour sa vie.

4. **Vous devrez vous exercer en pratiquant divers dons spirituels.** Ray Stedman dit :

> *Vous découvrez un don spirituel tout comme vous découvrez vos talents innés. (p. 119).*

Prenons un exemple. Ma passion, c'est le dessin. Mais, je n'avais jamais su que je pouvais dessiner jusqu'au jour où j'ai essayé. Mes fils aiment chanter et ils le font très bien. Pourtant, ils ne savaient pas qu'ils possédaient ce talent jusqu'au jour où ils ont réellement voulu essayer de chanter.

Le nouveau croyant que j'étais, pensait pouvoir tout faire. Un jour, un pasteur m'a demandé de l'aider à vérifier les livres de comptes de son église. Dès que j'ai commencé, je me suis senti complètement perdu et confus. J'ai compris que la comptabilité n'était pas mon « don ».

> *Un bon point de départ, c'est de regarder autour de soi et de discerner les besoins. Ensuite, essayer de faire quelque chose pour en combler un. Identifiez les besoins de l'église. Découvrez où vous pouvez être utile, d'une façon comme d'une autre et lancez vous dans l'action.*
>
> *Soyez disponible pour exécuter toute tâche que l'on pourrait vous demander de faire dans l'église. Lorsqu'une tâche vous est confiée, mettez-la dans la prière, demandez au Seigneur de vous révéler à travers cette expérience si c'est votre don spirituel ou pas. (p. 120).*

J'étais devenu chrétien depuis quelques années. Le besoin d'un enseignant pour l'Ecole du dimanche se faisait sentir dans l'Eglise. Un membre du conseil de cette église locale s'est approché de moi et m'a demandé si je ne serais pas intéressé par l'enseignement de l'école du dimanche. Au début, j'avais hésité. Mais peu après avoir prié à ce sujet, j'ai ressenti un soudain intérêt. L'église avait un besoin et Dieu a agit en me rendant capable de répondre à ce besoin.

5. **Vous devriez évaluer votre efficacité.** Dieu vous a donné un ou plusieurs dons spirituels pour accomplir une tâche pour lui. Si vous avez le don d'évangélisation, vous verrez des gens venir à Christ à travers votre ministère. Si vous avez le don d'exhortation, vous serez efficace en aidant les gens à surmonter leurs difficultés et à mettre leur vie en règle

avec Dieu. Si vous avez le don de guérison, des personnes malades seront guéries à travers vous. Si vous avez le don d'administration, l'organisation que vous dirigerez fonctionnera sans difficulté.

6. Le corps de Christ confirmera votre ou vos dons spirituels. Si vous pensez que vous avez un don spirituel et que vous essayez de l'exercer sans que personne dans votre église ne croie que vous avez reçu ce don. Il y a des probabilités que vous ne l'ayez pas.

Peter Wagner a écrit :

> *L'une des raisons qui confirme l'immense importance du Corps de Christ est qu'il oblige l'individu à être responsable de son don. Bien qu'il est vrai que nous devons rendre compte à Dieu, en dernier lieu, nous devons rendre compte d'abord, aux uns et aux autres et considérer cela avec un grand sérieux. (p. 132)*

QUESTIONS

1. Qui détermine quel don spirituel un croyant va recevoir ? _____

2. Quelles sont les responsabilités des croyants dans l'exercice de leurs dons spirituels ? _
_____
_____

3. Quelqu'un dans votre église s'approche de vous et vous dit : « J'aimerais connaître mes dons spirituels. » Quel conseil lui donnerez-vous ? Soyez clair dans votre réponse. _____
_____
_____
_____
_____
_____
_____
_____
_____
_____
_____
_____
_____
_____

***

Section 2 : QUEL EST VOTRE DON SPIRITUEL ?

2.1 Quel est votre don spirituel ? Désirez vous vraiment le découvrir ? Vous trouverez ci-dessous un test simple qui vous aidera à découvrir vos dons spirituels. Ce test n'est pas parfait, mais il vous permettra d'identifier un certain don que vous possédez. Néanmoins, rappelez-vous toujours qu'aucun test humain n'est à 100 % sûr, pour identifier le don de quelqu'un. Le but est de stimuler votre désir de découvrir le don que Dieu vous a donné.

Dès qu'ils sont entièrement sanctifiés, les croyants cherchent, autant que possible, à être les meilleurs « serviteurs » du Seigneur. Ils savent qu'ils ont besoin d'être équipés de dons spirituels pour être efficaces dans l'œuvre de Dieu. Pour cette raison, les croyants sanctifiés prient pour découvrir leur don spirituel. Peter Wagner dit que :

> *L'ignorance concernant les dons spirituels est peut-être l'une des causes principales du ralentissement de la croissance de l'Eglise actuelle. Peut-être, est-elle aussi, à l'origine du découragement, de l'insécurité, des frustrations et du sentiment de culpabilité qui tourmentent tant de chrétiens, voire qui réduisent leur efficacité dans l'œuvre de Dieu. (p. 23).*

2.2 La première des choses à faire, c'est de prier. Vous trouverez ci-dessous un modèle de prière :

> *Père Céleste,*
>
> *Mon désir est de te servir de tout mon cœur, de toute ma force et de toute ma pensée. Mon désir profond est de te plaire.*
>
> *Je sais que tu as une tâche à me confier, et pour accomplir cette tâche, tu m'as donné un ou plusieurs dons spirituels. Seigneur, aide-moi, je te prie à découvrir mon don spirituel. Seigneur, je veux aussi que tu saches que je ne veux pas mal l'utiliser. Je ne recherche pas propre ma gloire mais ta gloire à toi seul.*
>
> *Merci Seigneur. Amen.*

Découvrir vos dons spirituels

TEST PERSONNEL

Le test suivant est extrait d'un livre de Raymond W. Hurn.

INSTRUCTIONS :

1. Répondre à 20 questions dans les six catégories A, B, C, D, E, F, (ce qui fait un total de 120 questions).

   Marquez 0 si la phrase ne correspond pas à votre expérience personnelle (si cette phase n'a aucun écho dans votre vie).

   Vous marquez 5 points si dans chaque catégorie, la phrase reflète votre expérience, à haute échelle ou haute fréquence (à condition que vous n'ayez aucun doute sur le fait que cette phrase est vraie pour votre vie).

   Si ce n'est pas le cas, vous marquez 2, 3 ou 4 (à condition que la phrase se vérifie quelquefois dans votre vie).

2. Reportez le nombre de vos points dans chaque colonne de la fiche d'évaluation. Si vous ne comprenez pas le procédé, adressez-vous à votre instructeur.

3. Une fois que vous avez répondu à chaque question par un chiffre, faites le total des points sur chaque ligne, indiquant le total pour A, B, C, D, E et F à la place requise.

4. Encerclez les trois totaux les plus élevés. Mettez une croix à côté des trois autres totaux les plus élevés.

5. Après cela, cherchez le LEGEND et écrivez le don spirituel dans les espaces numérotés de 1 à 20 sur votre fiche d'évaluation.

Découvrir vos dons spirituels - Catégorie A

_____ 1. Dieu m'a donné la capacité de comprendre l'avenir.

_____ 2. Je suis convaincu de l'importance de garder un lieu propre et confortable.

_____ 3. Je suis capable d'exécuter des tâches particulières pour d'autres chrétiens.

_____ 4. Je peux expliquer des faits bibliques de telle manière que la vie des personnes peut en être transformée.

_____ 5. Je peux persuader quelqu'un de mieux faire même si il était réticent au départ.

_____ 6. Ma contribution à l'œuvre de Dieu dépasse facilement 10 % de mes revenus.

_____ 7. Je peux assumer l'entière responsabilité de mes décisions sans me justifier.

_____ 8. Je peux trouver des moyens d'aider ceux qui sont dans la détresse physique.

_____ 9. Je suis capable d'être compatissant envers les autres.

_____ 10. Je peux assumer la responsabilité de groupes chrétiens dans plusieurs communautés.

_____ 11. Je peux facilement m'adapter à une autre culture.

_____ 12. Je sais expliquer clairement la signification du salut annoncé dans la Bible.

_____ 13. Je peux généralement discerner si le déroulement d'une action sera profitable à d'autres chrétiens.

_____ 14. Je me rappelle de n'importe quel fait.

_____ 15. Les personnes pour qui je vote sont généralement de bons responsables.

_____ 16. J'aime prier pour la guérison des personnes malades.

_____ 17. J'ai accompli des choses surnaturelles au nom du Seigneur.

_____ 18. Par la prière, Dieu m'a averti à l'avance du salut d'une personne.

_____ 19. Je peux écrire ou parler dans plusieurs langues.

_____ 20. Je comprends très vite les différentes nuances d'une langue autre que la mienne.

Découvrir vos dons spirituels - Catégorie B

_____ 1. Je suis heureux quand je partage la Parole de Dieu à un groupe.

_____ 2. J'aime mettre les autres à l'aise.

_____ 3. J'aime faire des courses pour d'autres chrétiens.

_____ 4. J'aime apprendre de nouvelles choses.

_____ 5. J'aime donner de bons conseils aux autres.

_____ 6. J'arrive souvent à avoir des revenus financiers supérieurs au salaire moyen.

_____ 7. J'aime prendre des décisions qui changent le cours des choses établies par mon église.

_____ 8. J'aime rendre de petits services aux personnes qui ne peuvent pas prendre soin d'elles- mêmes.

_____ 9. J'aime soutenir d'autres chrétiens dans leur croissance spirituelle.

_____ 10. Je peux assumer la responsabilité de la croissance spirituelle d'un grand nombre de personnes.

_____ 11. J'apprends de ceux qui ont un style de vie très différent du mien.

_____ 12. J'aime orienter les discussions sur des sujets séculiers vers des sujets spirituels.

_____ 13. J aime rechercher des réponses aux problèmes de la vie pour agir.

_____ 14. Je cherche sans arrêt à découvrir comment Dieu a agit dans l'histoire de l'humanité.

_____ 15. Je suis très intéressé de comprendre ce qui motive les individus à dire ou à faire des choses.

_____ 16. Je n'ai pas l'ombre d'un doute que Dieu opère des guérisons miraculeuses jusqu'à nos jours.

_____ 17. Cela ne me dérange pas de nuire ma réputation en faveur de la Parole de Dieu.

_____ 18. Quand bien même les circonstances semblent contredire la Parole de Dieu, il ne m'est pas difficile de continuer d'avoir foi en Dieu et habituellement cette foi est récompensée.

_____ 19. Dieu m'a aidé à témoigner dans une deuxième langue.

_____ 20. Dieu m'a aidé à comprendre une deuxième langue.

Découvrir vos dons spirituels - Catégorie C

_____ 1. La bénédiction de Dieu semble accompagner mes messages bibliques, qui sont généralement bien accueillis par les gens.

_____ 2. Des personnes viennent me remercier pour les petits services que je rends aux alentours de l'église.

_____ 3. On me demande de faire des choses qui nécessitent du talent mais qui ne sont pas forcément rendues publiques.

_____ 4. Des personnes me demandent des informations sur la Bible ou sur d'autres sujets variés.

_____ 5. J'ai beaucoup aidé les autres à prendre une décision en vue de faire quelque chose pour le Seigneur.

_____ 6. Mes revenus sont suffisants pour me permettre de faire une contribution généreuse dans l'église, dans des instituts chrétiens et dans des organismes de charité.

_____ 7. D'autres chrétiens sollicitent mes conseils et suivent mes recommandations.

_____ 8. Des personnes me demandent de rendre visite à des personnes qui ont des besoins spéciaux comme les personnes âgées et les handicapés.

_____ 9. Certains apprécient le soutien spirituel qu'ils reçoivent par le biais de notre amitié.

_____10. J'ai reçu la permission de mon église de diriger d'autres chrétiens ou de commencer de nouvelles églises.

_____11. Je remarque tout de suite si je dérange les autres par mes paroles ou par mes actions.

_____12. Je prie avec autorité et je porte le fardeau dans la prière jusqu'à ce qu'elle soit exaucée.

_____13. Les gens semblent accepter et suivre mes conseils.

_____14. On m'a demandé de préparer des projets d'études spécifiques dans la Bible.

_____15. Des responsables recherchent mon avis sur la décision de donner du travail à certaines personnes.

_____16. Des malades me demandent d'aller les visiter et de prier avec eux.

_____17. Certains m'ont dit que j'ai plus de foi qu'eux dans les miracles.

_____18. D'autres chrétiens ont fait des remarques concernant ma grande confiance en Dieu.

_____19. Je trouve que l'auditoire réagit bien lorsque je m'adresse à eux dans leur propre langue et qui n'est pas la mienne.

_____20. On m'a demandé de traduire pour un orateur dans une autre langue.

Découvrir vos dons spirituels - Catégorie D

_____ 1. Lorsque je révèle ce que je pense être la volonté de Dieu, d'autres sont prêts à me suivre.

_____ 2. J'aime exécuter des travaux ordinaires dans l'église comme ranger les chaises, les tables, les livrets de chants.

_____ 3. Quand une responsabilité échoit à quelqu'un d'autre, j'essaie de l'aider à réussir.

_____ 4. Quand j'enseigne, les gens comprennent.

_____ 5. Quand je fais la connaissance de personnes solitaires, je leur parle sans difficulté et cela semble les aider.

_____ 6. Quand je suis au courant de problèmes financiers particuliers dans l'église, je prends mes économies pour satisfaire ce besoin.

_____ 7. Mes décisions ont du poids pour d'autres chrétiens.

_____ 8. Quand j'apprends le malheur de quelqu'un, je sais aussitôt le genre d'aide dont il a besoin.

_____ 9. Les personnes sur qui j'ai de l'influence grandissent spirituellement.

_____ 10. Je connais les traditions de l'église et bibliques qui doivent être enseignées aux futures générations.

_____ 11. Je noue facilement de bonnes relations avec des personnes d'autres nationalités.

_____ 12. Quand je partage comment Christ m'a sauvé, les autres prennent conscience de leur besoin d'un Sauveur et sont sauvés.

_____ 13. Je peux aider quiconque à trouver des solutions chrétiennes à ses problèmes, moraux et spirituels.

_____ 14. Je suis capable de tirer de nouvelles inspirations de ce que j'étudie.

_____ 15. Je peux faire la différence entre la véritable spiritualité et l'imitation.

_____ 16. J'ai prié pour la guérison d'une personne et elle a été guérie.

_____ 17. Je vois les lois de la nature changées grâce à mes prières.

_____ 18. Dieu m'a donné des promesses qui se sont effectivement réalisées.

_____ 19. Ceux qui parlent d'autres langues sont capables de me comprendre.

_____ 20. Je peux penser dans deux langues à la fois.

Leçon 8

Découvrir vos dons spirituels - Catégorie E

_____ 1. Des frères en Christ m'ont demandé de partager la Parole de Dieu dans un groupe.

_____ 2. On m'a demandé d'exécuter des tâches ordinaires que personne ne voulait faire.

_____ 3. Des pasteurs, des responsables d'écoles du dimanche et d'autres responsables d'église se sentent à l'aise pour solliciter mon aide.

_____ 4. Je peux trouver différentes approches pour expliquer les mêmes vérités.

_____ 5. Lorsque des amis ou des frères de l'église se sentent déprimés, ils aiment que je leur rende visite.

_____ 6. J'aime donner d'importantes sommes d'argent pour l'œuvre de Dieu.

_____ 7. J'ai été élu pour assumer de hautes responsabilités dont celle de prendre des décisions.

_____ 8. Les gens se souviennent bien longtemps après, que je les avais aidés durant leur maladie.

_____ 9. Les gens me confient leurs problèmes.

_____ 10. J'ai été désigné pour servir l'église au niveau du quartier

_____ 11. Les gens d'autres cultures me font confiance, réagissent agréablement et de manière positive à mon égard.

_____ 12. Les gens me disent que je suis sensible à leurs problèmes et à leur état spirituel.

_____ 13. Les gens viennent vers moi pour que je les aide à prendre une décision quant à la direction qu'ils veulent donner à leur vie.

_____ 14. Des gens font des remarques sur ma connaissance de la Bible.

_____ 15. J'ai affronté avec succès des problèmes d'occultisme et de possession démoniaque, etc.

_____ 16. Les autres voient de leurs yeux que Dieu répond à mes prières pour la guérison.

_____ 17. On me confie des tâches difficiles parce que les gens savent que Dieu est avec moi pour m'aider à croire aux miracles.

_____ 18. Les gens disent que je suis un homme / une femme de foi.

_____ 19. On m'a demandé d'écrire des lettres pour des personnes parlant une langue différente de la mienne.

_____ 20. Des personnes me demandent d'expliquer ce qu'un autre dit, principalement quand l'autre personne qui parle est d'un âge et d'une culture différents.

Découvrir vos dons spirituels - Catégorie F

_____ 1. Si je recevais une claire révélation de la volonté de Dieu, je n'hésiterai pas à la faire connaître aux autres.

_____ 2. Je peux exécuter des tâches routinières sans négliger aucun détail.

_____ 3. Je ne me vexe pas lorsque quelqu'un d'autre bénéficie des mérites pour une chose que moi-même j'ai accompli.

_____ 4. Je me vois bien enseignant une école de dimanche ou donnant une étude biblique dans une maison.

_____ 5. J'ai une certaine facilité à écouter ceux qui sont dans la confusion ou dans la détresse et à les aider à donner le meilleur d'eux mêmes.

_____ 6. Je serais prêt à me contenter d'une vie modeste si cela pouvait faire avancer le Royaume de Dieu.

_____ 7. J'aimerai voir d'autres suivre mes conseils sur l'œuvre de Dieu.

_____ 8. J'ai l'assurance que je peux aider des personnes malades ou affligées.

_____ 9. Cela ne me dérangerait pas d'aider quelqu'un qui à besoin de se confier, quitte même à interrompre mon repos.

_____ 10. Je me réjouis à l'idée que Dieu puisse m'utiliser avec puissance auprès de personnes d'autres pays.

_____ 11. J'accepte les différences chez les autres sans les juger.

_____ 12. Je ne ressens aucune gêne à chercher des non croyants à qui témoigner ma foi en Christ.

_____ 13. Je comprends comment appliquer les vérités bibliques à la vie.

_____ 14. Découvrir des nouvelles vérités dans la Bible me remplit de joie.

_____ 15. Je sais distinguer le bien du mal.

_____ 16. J'ai l'assurance que par la prière de la foi, je peux aider un blessé ou un malade à recouvrer la santé.

_____ 17. J'ai foi en la puissance de Dieu qui opère des miracles.

_____ 18. « Dieu l'a dit ». Cette phrase suffit pour me convaincre de l'accomplissement d'une chose.

_____ 19. Je peux exprimer des idées complexes dans un langage très simple.

_____ 20. Je peux comprendre des concepts compliqués et les transmettre fidèlement avec des mots plus simples.

FICHE D'EVALUATION

Notez vos réponses aux questions précédentes dans la colonne appropriée de la fiche d'évaluation. Si vous ne comprenez pas le procédé, adressez-vous à votre instructeur.

Une fois que vous avez noté vos réponses dans la fiche, faites le total des points sur chaque ligne indiquant le total à l'endroit prévu.

Encerclez les trois totaux les plus élevés. Mettez une croix à côté des trois autres totaux les plus élevés.

QUESTION	POINTS DE LA CAT. A	POINTS DE LA CAT. B	POINTS DE LA CAT. C	POINTS DE LA CAT. D	POINTS DE LA CAT. E	POINTS DE LA CAT. F	Total des points	Don spirituel *
1								
2								
3								
4								
5								
6								
7								
8								
9								
10								
11								
12								
13								
14								
15								
16								
17								
18								
19								
20								

MODELE POUR LA FICHE DES TOTAUX

	POINTS DE LA CATEGORIE A	POINTS DE LA CATEGORIE B	POINTS DE LA CATEGORIE C	POINTS DE LA CATEGORIE D	POINTS DE LA CATEGORIE E	POINTS DE LA CATEGORIE F	Total des Points	Don spirituel
QUESTION 1	3	3	2	2	3	2	15	
QUESTION 2	5	3	3	4	3	2	20	
QUESTION 3	2	2	3	3	3	4	17	

* LEGENDE : Ecrivez le don spirituel dans les espaces sur votre fiche d'évaluation en haut.

1. Prophétie   2. Service   3. Assistance   4. Enseignement
5. Encouragement   6. Générosité   7. Leadership   8. Compassion
9. Pastorat   10. Apôtre   11. Missionnaire   12. Evangélisation
13. Sagesse   14. Connaissance   15. Discernement des Esprits
16. Guérison   17. Miracles   18. Foi   19. Langues
20. Interprétation des langues

LEÇON 9

Buts de la leçon :

A la fin de la leçon, vous devriez être capable de :

   a.   Définir les principes sur l'habillement des croyants sanctifiés.

   b.   Expliquer le lien entre la sainteté et la culture.

   c.   Donner trois réalités sur la tentation.

   d.   Citer quatre choses qu'un croyant sanctifié peut faire pour vaincre la tentation.

   e.   Expliquer le rapport entre la sainteté et les pulsions naturelles.

Section 1 : LA SAINTETE ET LA VIE CHRETIENNE

L'expérience de l'entière sanctification prépare un croyant à vivre la vie chrétienne de manière pratique. Puisqu'il a été « purifié » et « équipé » par le Saint Esprit, il est désormais, capable de vivre dans un monde corrompu par le péché et le matérialisme. Dans cette leçon, nous étudierons quelques principes utiles pour aider le sanctifié à vivre dans le monde.

Section 2 : COMMENT DOIS-JE M'HABILLER ?

2.1 Lorsque je suis devenu chrétien, plusieurs personnes m'ont approché pour me dire comment un « vrai » chrétien devait s'habiller. Une fois, quelqu'un m'a dit que je ne devais pas porter des habits trop voyants. Une autre fois, une autre m'a dit que je devais éviter de porter des tenues à manches courtes ou des shorts. Un autre croyant m'a dit que je devais porter des chaussures d'un certain style. A la fin, je ne savais plus comment un chrétien sanctifié devait s'habiller.

Pour un chrétien sanctifié, le principe qui importe le plus est le suivant :

La sainteté requiert la modestie dans l'habillement, ceci est valable aussi bien pour les hommes que pour les femmes.

Ce serait fou et insensé d'instituer des lois concernant la longueur, la taille et la couleur de la tenue vestimentaire. Il est tout aussi insensé et désastreux de rester indifférent à la longueur, à la taille et aux accessoires qui sont en harmonie avec la sainteté. N'importe quelle mode qui suscite de l'embarras, épouse trop les formes et attire l'attention sur la personne est en totale contradiction avec le principe de la sainteté. La sainteté doit marquer la limite là où la décence est menacée ou ignorée. (p. 264)

> *Je veux que les femmes aussi, vêtues d'une manière décente, avec pudeur et modestie (1 Timothée 2 : 9)*

Don Karns a répondu à cette question comme suit :

> *Les coutumes et les cultures du monde diffèrent. Trop souvent, un peuple d'une culture donnée s'attend à ce que d'autres peuples épousent sa propre culture. Ceci n'est pas biblique. Aujourd'hui, nous ne nous habillons plus de la même manière que les hommes le faisaient à l'époque de Jésus. En fait, Si Jésus devait venir dans nos lieux de culte actuel, habillé comme à son époque, il serait peut-être renvoyé. Je suis presque persuadé que plusieurs de nos églises ne lui auraient même pas demandé de prêcher.*
>
> *J'ai aussi l'intime conviction que si les hommes vivaient devant Dieu comme Dieu le désire, le Saint Esprit leur apprendrait à s'habiller dans un style modeste et décent.*

Il les mettrait en garde contre toute mode d'habillement trop suggestif ou qui dénote d'un esprit de vantardise ou de l'existence de liens avec des esprits mauvais ou avec la sorcellerie. Il veut aussi nous faire comprendre l'importance de la pureté.

La question suivante m'a été posée lors d'une rencontre de jeunes : « Un africain doit-il changer ses habits africains avec des habits occidentaux pour vivre dans la sainteté ? »

Que répondriez-vous à cette personne ? Justifiez votre réponse. _____

_____

_____

_____

_____

_____

_____

***

2.2 Que nos habits soient africains ou occidentaux, nous devons nous assurer que ce que nous portons est propre, décent et sans aucun lien avec le monde occulte. Chacun à sa propre idée concernant la manière de s'habiller, mais la seule règle de conduite pour le christianisme et pour toute culture c'est la Bible.

Don Karns a dit que :

> *Si une chose n'est pas contraire aux principes chrétiens, vous pouvez y aller et le faire. Si les Ecritures ne précisent pas ce qu'il faut faire alors utilisez votre discernement sous la direction du Saint Esprit.*

Il existe un dicton que nous avons entendu bien des fois :

Dans l'essentiel – L'UNITÉ
Dans le non essentiel – LA LIBERTE
En toutes choses – L'AMOUR

Mettons cela plus souvent en pratique dans les mouvements de sainteté à cause même du message de sainteté que nous prêchons.

***

2.3 Le chrétien devrait retenir deux choses concernant l'habillement :

1. Garder un esprit ouvert et soumis à la direction du Saint Esprit. Si le croyant sanctifié à cette attitude, le Saint Esprit le guidera. Il saura convaincre le croyant qui est négligent dans sa manière de s'habiller.

2. Laisser la liberté aux croyants de se laisser diriger par le Saint Esprit. Nous n'avons pas le droit d'imposer aux autres nos vues sur l'habillement. De même, nous ne sommes pas forcés d'imiter la façon d'un autre de s'habiller. Le Saint Esprit guidera et dirigera toute personne qui cherche sincèrement à lui obéir. C'est pourquoi nous n'avons aucune raison de juger qui que ce soit, sur un point de vue différent du nôtre, à ce sujet.

2.4 La question qui pourrait se poser est celle-ci : « L'église n'a-t-elle pas la responsabilité d'enseigner à ses membres comment ils doivent s'habiller ? » La réponse est : « Oui ! » Nous devrions enseigner aux croyants les principes de la décence. Mais, l'enseignement de ces principes exclut tout sentiment de propre justice ou d'orgueil spirituel. Enseigner ces principes ne donne pas le droit à l'église d'imposer une dictature de la tenue vestimentaire. Etablir des lois sur le port vestimentaire, ou le choix de la couleur ou pas de couleur, conduit au légalisme.

Le légalisme et la propre justice sont des déviations permanentes dès qu'il s'agit de règles vestimentaires. C'est pour cela qu'il est important de laisser le Saint Esprit nous guider vers la décence. Lorsque l'église dispense un enseignement sur le port vestimentaire, elle doit enseigner les principes de la modestie avec beaucoup d'amour et de patience.

2.5 Au temps où j'étais pasteur, une nouvelle famille avait commencé à fréquenter l'église. Ils étaient des tous nouveaux convertis. Au bout de quelques semaines, des personnes âgées de l'église me donnèrent « l'ordre » d'aller voir la mère de famille, pour lui dire de changer sa façon de s'habiller au risque de se voir interdire l'accès de l'église. Je ne pouvais pas me résoudre à faire cela. J'ai donc commencé à prier demandant au Seigneur sa direction. Je ne reçu aucune réponse de Dieu me montrant que je devais aller voir cette dame. Au contraire, le Seigneur semblait me dire que je devais plutôt lui témoigner à elle et à sa famille de l'amour. Ensuite, lui il ferait le reste.

Quelques semaines plus tard, cette dame témoignait sa gêne par rapport à sa façon de s'habiller. Elle n'avait pas suffisamment d'argent pour s'acheter de nouveaux habits, mais elle désirait assister au culte. Elle a ensuite remercié tout le monde de leur amour, de leur compréhension et de leur patience envers elle.

Quand elle en eut les moyens, elle s'acheta des habits décents et appropriés pour un chrétien, et cela grâce à la direction du Saint Esprit et aux enseignements des principes sur la décence vestimentaire dans notre église.

QUESTIONS

1. Comment un chrétien sanctifié doit-il s'habiller ? _____
_____

2. Comment un chrétien sanctifié doit-il se conduire vis à vis d'un autre chrétien qui s'habille différemment de lui ? Expliquez pourquoi. _____
_____
_____
_____
_____
_____
_____

Section 3 : LA SAINTETE ET LA CULTURE

3.1 Voici une autre question qui revient très souvent : « Lorsqu'une personne est sauvée et sanctifiée, la Bible dit-elle qu'elle doit renier sa culture ? »

En 1976, le théologien John Mbiti, faisant un discours à l'Assemblée des leaders chrétiens panafricains (Pan African Christian Leadership Assembly), a dit que :

> *L'Evangile ne rejette pas la culture : au contraire, elle pénètre nos cultures, s'y fait une place et influence immensément tous les aspects de notre vie à l'intérieur de cette culture. C'est à l'intérieur de notre culture que Dieu nous aime et nous appelle à la repentance : c'est aussi à l'intérieur de notre culture que Dieu veut que nous l'aimions, l'adorions et lui obéissions. Dieu ne veut pas que nous devenions des étrangers à notre culture, mais uniquement des étrangers au péché.*

Le Professeur Mbiti a continué en citant un proverbe africain :

> *Une abeille ne commence pas par construire une nouvelle maison avec du miel. (p. 171)*

Ce qu'il voulait dire, c'est que lorsqu'une abeille découvre un nouvel endroit pour en faire sa demeure, elle n'entreprend pas aussitôt des changements. C'est progressivement qu'elle transforme l'endroit. Pour l'abeille, la fabrication du miel ne vient que plus tard. Dieu a également commencé avec nous là où il nous a trouvé dans nos cultures respectives. Le nouveau croyant rompra rapidement avec les pratiques qu'il comprendra être des péchés devant Dieu. En revanche, il lui faudra plus de temps pour abandonner d'autres pratiques moins évidentes.

3.2 Don Karns a donné cette réponse à la question : « Un chrétien sanctifié peut-il continuer à observer les pratiques traditionnelles africaines ? »

> *Il nous faut comprendre que toutes les pratiques traditionnelles ne sont pas mauvaises. On doit enseigner aux croyants à rechercher la pensée et la volonté de Dieu dans tous les aspects de la vie. En 1 Corinthiens 8, l'auteur parle de manger de la viande*

offerte en sacrifice aux idoles. La viande, en elle-même n'était pas mauvaise toutefois en manger en sachant que cela pouvait causer la chute d'un frère plus faible était une offense aux yeux de Dieu.

Il y a peut-être, des coutumes traditionnelles qui représentent une offense pour un frère plus faible. Si c'est le cas, il vaudrait mieux ne pas les pratiquer. Si un rite traditionnel ne s'oppose pas aux Ecritures, il n'y a aucun danger à le pratiquer ... à moins qu'il ne soit une occasion de chute pour un frère plus faible.

Stephen Madalane a écrit :

Il y a des coutumes traditionnelles africaines positives qui auraient pu être d'un grand apport dans la vie chrétienne, si elles n'avaient pas été arbitrairement écartées. Il existe aussi de mauvaises coutumes que les chrétiens doivent délaisser.

Mbiti a aussi dit :

L'Evangile est profondément protectrice et jalouse, craignant que la culture ne s'approprie et maintienne les hommes pour toujours dans son moule. Limitant ainsi les hommes uniquement au niveau culturel de la vie. Il existe d'autres valeurs en dehors de la culture. Ainsi, le chrétien est un pèlerin culturel et non un sédentaire.

3.3 Il faut que le chrétien sanctifié comprenne que la culture possède un côté positif et un côté négatif. Dieu pénètre la culture pour la transformer. Dieu s'attend à ce que nous venions à lui avec notre culture, que nous l'adorions avec notre culture et que nous lui soyons soumis dans notre culture. Il désire que nous cessions de faire les choses qui sont contraires à la Bible comme voler, mentir, consulter les sorciers et adorer d'autres dieux. Cependant, il nous permet de soutenir les enseignements éthiques de notre culture qui sont en accord avec la Bible. Le chrétien entièrement sanctifié sait que dans ce monde, nous ne sommes que des étrangers et des pèlerins, même au sein de notre propre culture puisque nous nous dirigeons vers le ciel ... notre destination finale!

3.4 La Bible demande premièrement, la fidélité du croyant envers Christ. S'il obéit à ce commandement, il se rendra vite compte que ceci implique des décisions qui auront des conséquences positives et négatives. John Mbiti a écrit qu'il existe un lien entre la sanctification et la culture.

Nous sommes à la fois les défenseurs et les traîtres du christianisme (dans nos cultures), et ceci révèle un paradoxe dans la relation entre le christianisme et les cultures. Nous vivons entre deux pôles : le pôle de l'éthique chrétienne et celui des frontières culturelles ? Or, le processus de transformation signifie que nous devenons des chrétiens de plus en plus et de moins en moins des africains, (ou japonais, ou américains ou suisses). La seule identité qui compte et qui a toute son importance c'est celle que nous avons en Christ et non dans une culture. (p. 177)

Le chrétien entièrement sanctifié marche vers Christ et s'identifie à lui. La première place doit revenir à Christ. Comme Mbiti l'a affirmé, nous devons avant tout être des chrétiens, et ensuite des Africains (Américains, ou Chinois).

> *L'ordre du Nouveau Testament est : chrétien d'abord, juif ou africain, mendiant ou roi, homme ou femme, ensuite. Nous n'avons pas d'autre choix que d'être première- ment des chrétiens, des africains ensuite, quelque soit le prix à payer, premièrement chrétiens, américains ensuite, quel que soit le prix à payer, premièrement chrétiens, indiens ou anglais, ensuite, quel que soit le prix à payer. Les problèmes apparaissent quand nous renversons cet ordre de l'Evangile, et nombreux sont ceux qui tombent dans cette tentation.*

Nous avons observé ce principe dans la vie de Jésus-Christ. Christ fut premièrement Fils de Dieu et juif ensuite.

QUESTIONS

1. Le chrétien sanctifié doit-il renier sa culture ? Expliquez votre réponse avec précision.

_____

_____

_____

_____

_____

2. Considérez votre propre culture. Y trouve t-on des rites auxquels un croyant entière- ment sanctifié n'aurait pas le droit de participer ? Si il y en a, quels sont-ils ? _____

_____

_____

_____

_____

_____

_____

_____

_____

_____

3. Considérez à nouveau votre culture. Y trouve t-on des rites auxquels le chrétien entiè- rement sanctifié aurait le droit de participer parce qu'ils lui sont bénéfiques ? S'ils existent, quels sont-ils ? _____

_____

_____

_____

_____

_____

_____

_____

Section 4 : LA SAINTETE ET LES TENTATIONS DANS UN MONDE PECHEUR

4.1 Un homme est venu dans mon bureau pour me parler :

Révérend Lo, je désire vraiment être un bon chrétien ; mais, j'ai réellement beaucoup de difficultés à y arriver. Je veux avoir des pensées pures, or, il me semble que je ne peux pas éloigner certaines mauvaises pensées de moi. Quand j'entre dans un magasin pour acheter des provisions, je finis par succomber à la tentation d'acheter des magazines de pornographie.

Un autre m'a dit :

Je suis chrétien et je veux faire le bien. Mais, mes amis essaient constamment de me persuader à faire des choses que je juge mauvaises. J'ai peur qu'ils ne veuillent plus être mes amis à moins que je ne les suive. Je souffre intérieurement.

Encore, un autre qui me dit :

J'ai été récemment sanctifié. Je me sens spirituellement très bien tant que je suis à l'église et en compagnie d'autres chrétiens. Mais, je suis soumis à d'énormes tentations dés que je suis dans le monde. On y observe tant d'impiété ...

4.2 A tout moment, le monde présente des tentations au chrétien. Comme nous l'avons déjà appris dans la leçon précédente, la sainteté ne signifie pas être libéré de toutes les tentations. Donc, la question à poser est : « Que peut faire le chrétien sanctifié face aux tentations ? »

Pour commencer, il faut comprendre le problème. La tentation se définit comme un penchant à mal agir, soit pour obtenir du plaisir ou un profit. En d'autres termes, la tentation induit une personne à faire ce qui est mauvais en lui promettant ou en lui miroitant quelque chose d'agréable et de merveilleux.

Il existe trois réalités sur la tentation que nous devrions connaître :

1. La tentation est inévitable. Ce n'est pas « si » nous sommes tentés mais « quand » nous sommes tentés. J'ai entendu des chrétiens exprimer le souhait merveilleux de ne plus subir de tentations. J'exprime le même souhait. Mais, pouvons-nous y échapper tant que nous vivons dans ce monde ?

2. La tentation ne vient pas de Dieu.

Que personne lorsqu'il est tenté ne dise : c'est Dieu qui me tente. Car Dieu ne peut être tenté par le mal, et il ne tente lui-même personne. (Jacques 1.13)

Dieu envoie des épreuves sur le croyant pour tester sa foi. Mais, il n'y a rien d'immoral dans une épreuve. Elle impose des souffrances mais n'est pas le mal.

3. Face à la tentation, la personne réagit selon le choix qu'elle a fait. Personne, pas même le diable, ne peut forcer quelqu'un à pécher. L'individu ne pèche que lorsqu'il décide lui-même de céder à la tentation et d'agir.

> *Tous les jours, nous sommes confrontés à des portes ouvertes sur le péché. La personne qui a le regard fixé sur Christ et sur sa justice dira : « Pas question » et s'éloignera avec détermination. La personne encline à satisfaire ses propres désirs de pécher dira : « Oh, je ne peux pas y résister! » et s'y engouffre (p. 79).*

4.3 Il existe quatre façons pratiques dont le chrétien sanctifié peut combattre les tentations :

1. Ne tolérez aucune tentation. Les hommes souvent, fréquentent des endroits où ils sont très fortement exposés à la tentation. Je connais un homme qui avait une faiblesse pour la bière. Il savait qu'il ne devait pas boire. Cependant, il passait son temps dans les différents bars de la ville.

S'il vous est difficile de résister à certaines tentations, restez éloignés d'elles. Si vous ne supportez pas la vue de certains magazines exposés dans des librairies, n'y allez pas! Si certains programmes de radio ou de télévision vous tentent, ne les écoutez pas ou ne les regardez pas !

Genèse 39 nous raconte l'histoire de Joseph. La femme de Potiphar cherchait à le tenter. Qu'a fait Joseph ? *Il a pris la fuite !*

2. Souvenez-vous que la douleur finale effacera aussitôt le plaisir éphémère. N'est-ce pas ce que Moïse avait fait selon l'auteur de Hébreux ?

> *C'est par la foi que Moïse devenu grand, refusa d'être appelé fils de la fille du Pharaon, aimant mieux être maltraité avec le peuple de Dieu, que d'avoir pour un temps la jouissance du péché. (Hébreux 11. 24-25)*

3. Remplissez votre esprit de la Parole de Dieu. Les croyants ont besoin d'être fidèles dans la lecture de la Bible. En fait, ils doivent mémoriser la Parole. Les chrétiens entièrement sanctifiés recherchent des occasions de garder la Parole de Dieu dans leur esprit et dans leur cœur.

J'ai remarqué qu'en utilisant la Parole de Dieu chaque fois pour affronter une tentation fort attirante, elle s'éloignait de moi.

4. Demandez à des responsables spirituels ou des amis chrétiens murs, de prier avec vous au sujet des tentations que vous subissez. Je connais un pasteur qui a demandé à sa communauté de le contacter au cas ou elle se trouverait face à une tentation « persistante » et « forte ». Si l'un d'entre eux l'appelait, il allait chez lui et priait avec lui ou même au téléphone. Plusieurs ont témoigné que le fait de savoir que quelqu'un se souciait suffisamment d'eux pour faire une telle chose les encourageait à tenir ferme contre la tentation et à ne pas pécher.

QUESTIONS

1. Quelle est la différence entre tentations et épreuves ? _____
_____
_____
_____

2. Quels sont les trois réalités que chaque croyant doit comprendre concernant la tentation ? _____
_____
_____
_____
_____

3. Comment un chrétien sanctifié doit-il réagir face à la tentation ? _____
_____
_____
_____

Section 5 : LA SAINTETE ET LES INSTINCTS NATURELS

5.1 Le croyant sanctifié possède encore des instincts ou des désirs naturels. Ces instincts ne sont pas des péchés en eux-mêmes. Néanmoins, il faut être prudent afin de ne pas tomber dans le péché. Pour cette raison, le croyant entièrement sanctifié doit demeurer toujours confiant et dépendant du Saint Esprit afin qu'il l'aide à maîtriser ses instincts.

Lorsqu'une personne est sanctifiée, ses instincts naturels sont purifiés, maîtrisés et ne se manifestent que dans le cadre de l'amour et des lois divines.

5.2 Le diable tentera de semer le doute dans notre esprit en ce qui concerne notre sanctification en nous faisant croire que nos instincts sont des péchés. Il cherchera à semer la confusion dans notre cœur et dans notre esprit.

Voyons quelques exemples.

1. La colère est un péché. Mais l'indignation justifiée ne l'est pas. Le Seigneur Jésus-Christ avait manifesté de l'indignation lorsqu'il avait chassé les marchands du temple, ainsi que le montre Jean 2. Il n'y aucune amertume dans l'indignation justifiée. Elle est dirigée contre le péché et non contre le pécheur. En revanche, la colère exprime de l'amertume qui peut souvent conduire à des actions inconsidérées et à des jugements acerbes et hâtifs.

2. La gloutonnerie est un péché.

Mets un couteau à ta gorge, si tu as trop d'avidité. (Proverbes 23.2)

> *Leur fin sera leur perdition ; ils ont pour dieu leur ventre, ils mettent leur gloire dans ce qui fait leur honte, ils ne pensent qu'aux choses de la terre. (Philippiens 3.19)*

Bien qu'il soit normal pour une personne sanctifiée de profiter de la bonne nourriture, elle doit cependant rester dépendante du Saint Esprit pour qu'il l'aide à modérer son appétit.

3. La cupidité (l'amour de l'argent) est mauvaise.

> *Celui qui est avide de gain trouble sa maison. (Proverbes 15.27)*

> *Quand le bien abonde, ceux qui le mangent abondent ; et quel avantage en revient-il à son possesseur, sinon qu'il le voit de ses yeux ? (Ecclésiaste 5.10)*

> *Car l'amour de l'argent est une racine de tous les maux ; et quelques-uns, en étant possédés, se sont égarés loin de la foi, et se sont jetés eux-mêmes dans bien des tourments. (1 Timothée 6.10)*

Toutefois, c'est une chose normale que les croyants sanctifiés utilisent leur argent d'une manière sensée. Ils ne veulent pas le gaspiller mais plutôt l'utiliser pour l'œuvre de Dieu et pour venir en aide aux nécessiteux.

4. Se quereller est un péché. Bien vrai qu'un croyant sanctifié n'est pas toujours d'accord avec tout ce que disent ou font les autres, il sait cependant qu'il doit manifester son désaccord dans une attitude d'amour et aussi essayer de s'intéresser aux opinions des autres.

5. La vanité dans l'habillement est un péché. Il est normal de s'habiller d'une manière correcte et élégante. C'est fait tout à fait naturel de vouloir être bien habillé. Dire le contraire serait totalement insensé et inciterait les gens à se vêtir n'importe comment ; tel que porter chaussures non cirées, des habits non repassés et froissés. Mais, certains en font trop. Concernant l'habillement, le principe qu'un croyant sanctifié devrait suivre est résumé dans le mot « modestie ». La modestie peut être définie comme l'absence d'une certaine habitude à « se conformer » ; l'absence de tout ce qui suggère l'impureté sexuelle ; c'est la sobriété ; ou la liberté de ne pas abuser.

6. Les plaisanteries absurdes et frivoles sont un péché. Toutefois, un humour saint est permis. Quelqu'un a dit qu'une personne qui peut ramener un sourire sur un visage triste vaut plus que beaucoup de râleurs qui dépriment les autres.

La règle de base est la suivante : l'humour doit être pur, et ne doit pas blesser les autres. Il est nécessaire d'être prudent pour ne pas exagérer dans ce domaine. Au contraire, l'humour doit être toujours doux et inoffensif. Il ne doit jamais être grivois mais au contraire toujours respectueux.

7. La paresse est un péché. Mais, le besoin et le désir de se reposer sont naturels. En fait, il n'est pas du tout raisonnable de négliger le repos parce qu'on finit par se rendre malade. Néanmoins certains abusent du repos.

8. *Les mondanités (ou les plaisirs du monde) sont un péché.* Le désir de se détendre n'est cependant, pas un péché. En fait, il serait bénéfique aux croyants sanctifiés de pratiquer un certain sport. Se détendre n'a rien de mauvais. Nous devons juste nous assurer que notre envie de détente ne nous entraîne pas vers des lieux de distractions mondaines. La détente du croyant sanctifié doit toujours se faire sous la direction du Saint Esprit. Elle doit s'exercer dans les limites des prescriptions bibliques et des normes de l'église.

9. *La concupiscence et l'impureté sexuelle sont des péchés.* Mais il est normal pour un croyant sanctifié de s'intéresser aux personnes du sexe opposé. Cet instinct naturel pourvu par Dieu est une chose belle et merveilleuse quand elle est vécue dans le mariage.

Or, le chrétien sanctifié ne doit pas tomber dans l'obsession sexuelle du monde qui l'entoure.

Dans la vie de sainteté, la sexualité peut trouver son expression la plus noble et la plus saine. Seul l'existence d'un amour saint (ou parfait) dans le cœur pourra permettre un amour harmonieux entre un homme et une femme.

La sainteté permet toujours de maintenir les pulsions sexuelles dans la sphère de la discipline et de l'amour. Exprimer des sentiments, des émotions ou de la passion sans la maîtrise de soi est contraire à l'esprit de sainteté. Le sexe est alors réservé au mariage le croyant sanctifié, célibataire est appelé à s'exercer à la discipline dans ses discussions concernant le sexe, concernant ses idées sur le sexe, ainsi que ses expressions sur le sexe quiconque pratique des rapports sexuels en dehors du mariage n'a pas seulement perdu la vitalité de la sainteté, mais il est rétrograde et pas encore régénéré.

Donnez quelques exemples d'instincts naturels et dites comment ils peuvent se changer en péchés si nous ne faisons pas preuve de prudence. Citez au moins cinq exemples. ___

_____
_____
_____
_____
_____
_____
_____
_____

LEÇON 10

Buts de la leçon

A la fin de cette leçon, vous devriez être capable de :

    a.   Dire quelle relation pourrait-il y avoir entre la sainteté et l'intendance.

    b.   Expliquer ce que signifie le terme « intendant ».

    c.   Citer trois domaines dans lesquels un chrétien entièrement sanctifié fera un bon intendant.

    d.   Expliquer des choses qui sont contraires à la sainteté.

    e.   Expliquer comment le sanctifié peut continuer à croître dans la sainteté.

Section 1 : L'INTENDANCE

La vie de sainteté est une vie telle que le croyant entièrement sanctifié cherche continuellement à accomplir la volonté, le plan et les desseins de Dieu pour sa vie. Il cherche à suivre la direction de Dieu en toutes choses. Donc, pour marcher dans la voie de la sainteté, l'enfant de Dieu doit exercer la maîtrise de soi face aux choses matérielles du monde. Il ne doit jamais accepter que la recherche effrénée ou l'unique préoccupation des biens matériels lui ravissent sa vie spirituelle (ou sa relation avec Dieu).

Section 2 : QU'EST- CE QU'UN INTENDANT

2.1 Dieu veut que chaque croyant soit un bon intendant. Un intendant est quelqu'un qui administre et contrôle la bonne marche des affaires de quelqu'un d'autre. Le chrétien entièrement sanctifié sait qu'il doit être un bon intendant. Dieu est le créateur. Pour cette raison, il est le propriétaire légitime de tous les biens matériels. Dieu nous autorise à avoir quelques possessions personnelles afin d'en jouir pendant notre vie terrestre. En revanche, Dieu n'a jamais voulu que nous le négligions au profit des biens matériels, au point de nous rebeller contre sa volonté.

2.2 Jésus Christ a laissé ces paroles pleines d'enseignement à ses disciples :

> *Ne vous amassez pas des trésors sur la terre, où la teigne et la rouille détruisent, mais amassez-vous des trésors dans les cieux où la teigne et la rouille ne détruisent point, et où les voleurs ne percent ni ne dérobent. Car là ou est ton trésor, là aussi sera ton cœur. (Matthieu 6.19-21)*

L'auteur du livre des Proverbes, au chapitre 23 versets 4 et 5 a écrit ceci :

Ne te tourmente pas pour t'enrichir, n'y applique pas ton intelligence. Veux-tu poursuivre du regard ce qui va disparaître ? Car la richesse se fait des ailes, et comme l'aigle, elle prend le vol vers les cieux.

2.3 Keith Drury déclare qu'il existe sept éléments qu'il faut comprendre avant que nous ne devenions de bons intendants de Dieu :

1. Dieu, le propriétaire a placé toutes les possessions entre nos mains.

2. Nous sommes chargés de l'administration de ces possessions.

3. Nos décisions quotidiennes doivent être prises à la lumière des intérêts optimaux de Dieu.

4. Ces prises de décisions doivent se faire sur la base de notre relation personnelle avec Christ et la Parole de Dieu.

5. Nous avons la responsabilité de faire fructifier et de développer nos dons et nos biens matériels.

6. Cette augmentation ne doit jamais se faire aux dépens des autres. En fait, Dieu s'attend à ce que notre intérêt pour les autres ait la priorité sur le développement de nos dons et biens matériels.

7. Au jour du jugement, Dieu nous demandera des comptes et nous serons jugés selon notre fidélité dans l'intendance des biens et des dons du propriétaire.

    Ayons la vision que toute possession et tout don viennent de Dieu. Nous sommes les intendants de ses possessions. ... Nous devons être dignes des décisions quotidiennes, que nous prenons à la lumière des valeurs divines. (p. 112-113)

QUESTIONS

1. Expliquez avec vos propres mots ce que Proverbes 23. 4-5 veut dire. _____

_____

_____

_____

_____

2. Le croyant sanctifié se rend compte qu'il ne possède rien en réalité. Qui est véritable propriétaire de toute chose ? _____

3. Que signifie être un intendant chrétien ? _____

_____

_____

_____

Section 3 : TROIS DOMAINES DE L'INTENDANCE

3.1 Nous allons voir trois domaines dans lesquels nous devons être de bon intendants de Dieu.

1. Nous devons être de bons intendants de notre argent.
2. Nous devons être de bons intendants de nos biens.
3. Nous devons être de bons intendants de notre temps.

1. Nous devons être de bons intendants de notre argent.

3.2 Une vérité que tout chrétien sanctifié doit comprendre c'est que l'argent qu'il possède n'est pas le sien mais celui de Dieu. Cet argent lui est simplement confié par Dieu pour qu'il le gère. Keith Drury a écrit :

L'idée d'intendance enlève la notion qu' « un dixième appartient au Seigneur. » L'intendant dit : « les dix dixièmes appartiennent au Seigneur ! » L'intendance, c'est prendre quotidiennement des décisions pratiques comme si tout mon argent appartenait à Dieu.

Si je consacre réellement tous mes revenus financiers à Dieu, alors leur valeur aura un impact sur tout achat que je ferai. Si je suis un bon intendant, je ne dirai jamais : « J'ai donné ma dîme. Ce que je fais du reste, me regarde. » (p. 107)

3.3 La dîme permet justement au chrétien de témoigner qu'il a compris cette vérité selon laquelle tous ses biens appartiennent à Dieu. Donner la dîme est le signe d'une bonne intendance. Dieu a donné l'ordre aux chrétiens de donner le dixième de tous leurs revenus au Seigneur pour le soin et l'avancement de son royaume. Lorsque les chrétiens obéissent fidèlement à ce commandement, ceci leur rappelle en permanence qu'ils ne sont que des intendants.

3.4 Une fois, John Wesley a donné ce conseil : « Gagne autant que tu peux et donne autant que tu peux. » Lewis Corlett dit :

Si le chrétien poursuit cet idéal, il connaîtra une plus grande sanctification et un plus grand amour pour son Seigneur et Maître. (p. 74)

3.5 A l'âge de 25 ans, j'étais le pasteur d'une très petite église. En fait, certains disaient que si l'église ne grandissait pas pendant que j'en avais la direction, il serait préférable de la fermer. Pendant un certain temps rien ne se produisit. Je prêchais la Parole de Dieu, mais c'était comme si elle n'avait pas d'effet sur la vie des gens. Personne ne voulait se repentir. Il y avait peu d'offrandes. Il n'y avait aucun enthousiasme pour les choses spirituelles.

Quand j'ai entamé ma deuxième année pastorale, j'ai commencé à prêcher sur la sainteté. Un à un, les responsables de l'église ont commencé à soumettre leur vie à l'œuvre de l'entière sanctification. Les chrétiens amers et rancuniers étaient libérés de ces sentiments destructeurs. Peu après, des âmes perdues se tournaient vers Dieu pour avoir le salut, l'église commençait à se remplir.

On fit une nouvelle construction dans l'église pour répondre au besoin de sa nouvelle croissance. Le vieux sanctuaire allait être détruit pour être remplacé par un plus grand. Où fallait-il trouver l'argent pour entreprendre un tel projet. Cependant, le Seigneur avait déjà commencé son œuvre dans le cœur des gens. Famille par famille, ils commencèrent à donner d'importantes sommes d'argent pour la construction du bâtiment. J'étais dans l'étonnement en voyant les fonds amassés. Quand j'ai demandé pourquoi tout ceci arrivait, quelqu'un m'a répondu : « Quand nous avons été sanctifiés entièrement, nous avons réalisé que nos biens ne nous appartenaient pas, mais à Dieu. L'argent que nous recevons n'est pas le nôtre, mais celui de Dieu. Et en tant qu'intendants de Dieu, nous avons l'obligation d'utiliser cet argent pour la construction de son Eglise et donc de le glorifier. »

3.6 En Afrique, il y avait une église qui, pendant des années, avait des difficultés à collecter assez d'argent pour payer le salaire du pasteur et l'entretien de l'église. Les fidèles de cette église ne donnaient pas l'offrande non pas parce qu'ils étaient pauvres, mais parce qu'ils croyaient sincèrement que ce qu'ils avaient leur appartenait et qu'ils pouvaient en faire ce qu'ils voulaient. Toutefois, après avoir entendu prêcher sur l'entière sanctification et les principes de la bonne intendance, certains parmi ces personnes ont commencé à donner généreusement au Seigneur. Peu de temps après, ils collectèrent des sommes suffisantes pour prendre soin du pasteur, faire l'entretien de l'église et acheter des fournitures pour l'Ecole du Dimanche et les programmes de visites.

QUESTIONS

Quelle relation existe t-il entre la sanctification et l'intendance ? _____
_____
_____
_____
_____

2. Qui est le propriétaire de l'argent que je possède ? _____

3. Ecrivez « Vrai » à côté de la déclaration qui est correcte et « Faux » à côté de celle qui n'est pas correcte.

_____La dîme est au Seigneur et le reste m'appartient.

_____La dîme et tout mon argent appartient au Seigneur.

4. La dîme est un moyen par lequel le chrétien prouve à Dieu qu'il est bien conscient qu'il doit être un bon intendant de son argent. Le chrétien entièrement sanctifié se doit d'obéir fidèlement à ce commandement. Prenez votre Bible et lisez Malachie 3. 8 – 12.

a. Qu'est-ce que les hommes volaient à Dieu ? _____

b. Pensez-vous qu'ils étaient de bons intendants ? Expliquez votre réponse. ___
_____
_____
_____

c. D'après la parole de Dieu, qu'arrivera-t-ils, ceux et celles qui donnent leurs dimes et offrandes avec obéissance? _____

_____

5. Est-ce que tu pratiques le commandement de Dieu concernant la dîme ? _____

2. Nous devons être de bons intendants de nos biens

3.7 Par bon intendant, il faut simplement comprendre que Dieu est le propriétaire de tous mes biens et pas seulement de mon argent. Il faut comprendre, qu'en fait, ma voiture appartient à Dieu, mes chaussures, mon vélo, mes livres, mon mobilier … .tout est à lui! Dieu me permet d'utiliser toutes ces choses. Lewis Corlett a écrit :

Ce n'est pas un péché d'avoir une maison à soi, d'avoir une ferme ou une entreprise quel que soit sa taille. Posséder une voiture ou un avion personnel n'est pas préjudiciable tant que la volonté de Dieu et ses plans restent prioritaires dans la vie de l'individu. Toute bénédiction matérielle et tout bénéfice quelconque sont des choses qui sont simplement confiées à l'homme. Il peut en faire usage tant qu'il vit car il ne peut pas les emporter avec lui dans la tombe. (P. 72)

Les chrétiens n'ont pas le droit de jouir égoïstement de leurs biens. Ce qui serait juste, c'est qu'ils s'en servent pour l'avancement du royaume de Dieu.

QUESTIONS (Réfléchissons en profondeur)

1. Comment une voiture pourrait-elle être utilisée pour l'avancement du royaume de Dieu ? _____

_____

_____

_____

_____

2. Comment une maison peut-elle être utilisée pour l'avancement du royaume de Dieu ?

_____

_____

_____

_____

Un chrétien entièrement sanctifié doit comprendre que plus nos biens s'accroissent, plus nos devoirs et nos services deviennent importants. Keith Drury dit que si nous pratiquons l'intendance totale, Dieu est le propriétaire de tout ce que nous possédons (p.116). En tant qu'intendants, nous utiliserons nos biens matériels pour accomplir sa volonté.

3. Nous devons être de bons intendants de notre temps

3.9 Une bonne intendance ne concerne pas que l'argent et les possessions. Elle concerne aussi notre temps. Le chrétien sanctifié reconnaît le fait que son temps appartient de fait, à Dieu. En réalité, notre temps appartient à Dieu.

Le temps est l'égalisateur universel. Chacun de nous bénéficie de la même quantité de temps chaque jour. Même Jésus n'avait que 24 heures par jour. Son exemple montre que nous devrions mettre à part un certain temps pour le repos, la détente, la participation aux réceptions de noces, le repas,- et même pour un festin ! Mais Jésus-Christ a aussi investi son temps dans les soins aux malades, aux parias, et aussi en faveur de ceux qui sont pauvres et solitaires. Il a passé beaucoup de tems dans la prière, et beaucoup de temps dans l'enseignement et dans la préparation des autres. (P.117).

3.10 Jésus veut que nous utilisions notre temps avec sagesse. Nous avons une tâche importante à accomplir pour Dieu. Chaque heure que nous vivons est un don de Dieu et elle doit être utilisée comme Dieu le veut. Sa volonté est que nous soyons de bons intendants de notre temps, en nous investissant dans des activités qui glorifient son nom.

QUESTIONS

1. Pensez-vous qu'un chrétien qui se repose est un mauvais chrétien ? Expliquez votre réponse. _____

_____

_____

2. Comment passez-vous vos journées ? Veuillez remplir l'emploi du temps ci-dessous en le planifiant sur le tableau suivant. Notez vos activités habituelles suivant les heures inscrites dans le tableau.

EMPLOI DU TEMPS HEBDOMADAIRE

HEURE	MES ACTIVITES
6.00 – 7.00	
7.00 – 8.00	
8.00 – 9.00	
9.00 – 10.00	
10.00 – 11.00	
11.00 - 12.00	
12.00 - 13.00	
13.00 - 14.00	
14.00 - 15.00	
15.00 - 16.00	
16.00 - 17.00	
17.00 - 18.00	
18.00 - 19.00	
19.00 - 20.00	
20.00 - 21.00	
21.00 - 22.00	

EMPLOI DU TEMPS DU DIMANCHE

HEURE	MES ACTIVITES
6.00 – 7.00	
7.00 – 8.00	
8.00 – 9.00	
9.00 – 10.00	
10.00 – 11.00	
11.00 - 12.00	
12.00 - 13.00	
13.00 - 14.00	
14.00 - 15.00	
15.00 - 16.00	
16.00 - 17.00	
17.00 - 18.00	
18.00 - 19.00	
19.00 - 20.00	
20.00 - 21.00	
21.00 - 22.00	

Lorsque vous avez fini de remplir l'emploi du temps, répondez aux questions suivantes :

a. En considérant ton emploi du temps, penses-tu que tu consacres ton temps avec sagesse, en faveur du Seigneur ? _____

b. Est-ce que dans ton emploi du temps, il y a un moment que tu consacres à la lecture de la Bible, à la prière, au témoignage et aux activités pour l'œuvre de Dieu ? _____

Priez le Seigneur en lui demandant de vous montrer comment vous devez utiliser votre temps.

Section 4. CE QUE LA SAINTETE DU CROYANT SANCTIFIE N'EST PAS

4.1 Dans cette leçon, nous verrons ce que la sainteté n'est pas. Nous apprendrons que :

1. La sainteté ne signifie pas être libéré de toute tentation.
2. La sainteté ne signifie pas que nous n'allons plus pécher.
3. La sainteté n'est pas une expérience définitivement acquise.
4. La sainteté ne signifie pas que nous n'allons plus commettre d'erreurs.
5. La sainteté ne signifie pas cesser de croître.
6. La sainteté ne signifie pas que nous n'aurons plus de problèmes.

1. La sainteté ne signifie pas être libéré de toute tentation

4.2 Lorsque Jésus-Christ a marché dans ce monde, il était Dieu et donc, sans péchés. Hébreux 4.15 déclare :

Car nous n'avons pas un souverain sacrificateur qui ne puisse compatir à nos faiblesses ; au contraire, il a été tenté comme nous en toutes choses, sans commettre de péché.

4.3 La vérité est que les sanctifiés auront à faire face aux tentations plus qu'ils ne l'ont jamais fait par le passé. Mais, ils ont aussi plus que jamais, reçu une plus grande puissance pour avoir la victoire sur le péché.

L'une des raisons pour lesquelles il y a plus de probabilités qu'une multiplication des tentations se produise après la sanctification d'une personne, c'est que le diable cherche par tous les moyens, à détruire ceux qui représentent un danger pour lui.

> *On m'a raconté qu'à Amsterdam, il y avait une image montrant un groupe d'hommes mauvais buvant de l'alcool. Sous la table se trouvait un seul démon endormi. Il n'était pas occupé à tenter ces hommes parce qu'ils étaient ses amis et vivaient déjà dans le péché. L'image montrait également une église où se tenait un homme de Dieu prêchant avec ferveur la parole. L'église était remplie de démons murmurant des pensées à la congrégation pour tenter de glisser le doute, la rancune ou de distraire leurs pensées. Un des démons était derrière l'épaule du prédicateur tentant de le décourager. La leçon à retenir est que les chrétiens sont soumis à plus de tentations que les pécheurs ; particulièrement les chrétiens sanctifiés. (Smith p. 69-70)*

L'entière sanctification ne place personne à l'abri des tentations. Aussi longtemps qu'il vivra dans un monde dominé par le péché, le croyant peut s'attendre à être tenté de participer aux œuvres du mal. Il faut également se rappeler que la tentation n'est pas un péché. La tentation devient un péché uniquement quand on y cède.

2. La sainteté ne signifie pas que nous cessons de pécher

4.4 Un croyant entièrement sanctifié ne pèche pas intentionnellement. Cette vérité est mal interprétée par quelques personnes qui pensent que cela veut dire qu'il ne péchera plus jamais et donc, qu'il ne peut pas perdre son salut. Le problème est à moitié posé parce que les gens ne mesurent pas tout ce qui se passe lors de l'entière sanctification vécue par un croyant.

> *Grâce à une nouvelle orientation du cœur, il est possible de vivre au-dessus du péché volontaire. Cependant, aucun partisan intelligent de l'entière sanctification ne soutiendrait que le péché devient impossible. Il est possible de ne pas pécher. Mais commettre le péché n'est pas impossible. (Drury, p. 119)*

4.5 Lorsque le croyant est entièrement sanctifié, son cœur devient pur et rempli du Saint Esprit. Il a reçu la puissance de surmonter les tentations qui peuvent survenir sur sa route. Mais il connaîtra dans sa marche spirituelle des moments de défaite. Cela pourrait concerner une chose très insignifiante alors qu'un autre chrétien ne considérera pas du tout comme un péché. Pourquoi cela ? C'est parce que la sanctification développe la sensibilité du croyant aux réalités spirituelles. Il demande constamment au Saint-Esprit de sonder son cœur pour lui révéler tout ce qui doit être confessé et soumis à l'autorité de Dieu. Ainsi, une toute petite chose peut lui donner l'impression d'avoir péché et d'être condamné. Cette chose pourrait être une pensée ou un mot ou encore un petit acte de désobéissance.

Mais une telle défaite ne signifie pas que le sanctifié a perdu la bénédiction de la sainteté pourvu qu'il se repente dès que celle ci lui est révélée.

> *Même les apôtres ont connu ... la défaite ... après la Pentecôt. ... Paul a réprimandé Pierre pour une action qui n'était pas juste. Paul disait à ce sujet, « Je lui résistai en face, parce qu'il était répréhensible ... par crainte des circoncis ... . les autres juifs usèrent aussi de dissimulation ... ils ne marchaient pas droit selon la vérité ». (Galates 2.11-14). Pierre n'avait pas perdu la bénédiction de la sainteté, mais Satan l'avait conduit à commettre une action que Paul désapprouvait car indigne d'un comportement chrétien ... et Pierre avait démontré sa sainteté en acceptant les reproches de Paul avec humilité. L'ancien Pierre aurait sorti son épée. Sans aucun doute, Pierre a dû porter cette défaite dans la prière devant le Seigneur et recherché la purification du sang ... Nous faisons référence à ... Pierre ... pour montrer que même les grands et saints apôtres demeurait toujours des humains, toujours soumis à la tentation et nullement à l'abri d'une défaite.*

> *Pour illustrer, je prends l'exemple de la ferme d'un ami qui vit en Afrique du Sud, laquelle est la ferme la plus propre que je n'ai jamais vue de toute ma vie. On n' y trouvait aucune mauvaise herbe. Aurions-nous même pu dire qu'il avait la bénédiction d'un cœur pur ? Mais la ferme voisine était très sale et parsemée de mauvaises herbes. Parfois, quand le vent soufflait, il entraînait les graines des mauvaises herbes vers la ferme voisine, celle très propre de mon ami. Aussitôt qu'elles poussaient, il les arrachait pour éviter qu'elles ne prennent racine dans la terre. Donc, bien qu'il ait une ferme propre, il devait constamment ôter les mauvaises herbes à cause des intempéries, les attaques extérieures. (Smith p. 71)*

3.La sainteté n'est pas une expérience définitivement acquise

4.6 De la même manière qu'un chrétien peut perdre le salut, le croyant entièrement sanctifié peut également perdre la bénédiction de la sainteté. Ceci est vrai parce que l'homme est doté du libre arbitre. A tout moment, il peut renier une pratique (ou habitude) chrétienne donnée.

4.7 Sans la persévérance, on peut perdre la sainteté. Si on ne persévère pas dans la prière et la lecture de la Bible, notre cœur pourrait s'endurcir. En d'autres termes, la vie spirituelle du croyant peut devenir si tiède qu'il finira rapidement par perdre la jouissance de la sainteté.

> *La marche quotidienne dans la vie sanctifiée doit suivre l'événement ou l'expérience. Cette marche quotidienne est une marche répétée et continue de consécration et de foi. C'est « mourir quotidiennement » par une consécration répétée et une obéissance habituelle aux directions clairement données par le Seigneur.*

> *Un croyant sanctifié peut devenir rétrograde par manque de persévérance et retourner à son ancienne vie. Si ces tendances ne sont pas arrêtées, il pourrait résulter en une vie de tiédeur et de mécontentement ou même d'une éventuelle rébellion ouverte*

et une perte de la grâce. Quelque soit son état de grâce ou de croissance, un croyant, doit considérer toute régression comme une question sérieuse. (Drury, p. 120-122)

4.8 L'expérience acquise de la sainteté peut également se perdre si le croyant entièrement sanctifié n'en rend pas témoignage. Un ami pasteur m'a dit : « J'ai parfois peur de témoigner de mon expérience de l'entière sanctification à cause de ce que les gens vont penser. Ils vont penser que je suis orgueilleux. »

Le révérend Jean de la Fléchère a dit qu'il avait perdu la bénédiction de l'entière sanctification à plusieurs reprises parce qu'il avait eu peur d'en parler. Il lui semblait que le diable lui disait que si il témoignait, les gens penseraient qu'il était soit fou ou orgueilleux. Il avait également peur de tomber dans le péché et de perdre sa sanctification et donc, de paraître réellement fou aux yeux de ceux à qui il avait témoigné. Mais, il surmonta toutes ces pensées et commença à témoigner avec force de son expérience de l'entière sanctification. John Wesley, un ami intime de la Fléchère, a dit qu'il était l'homme le plus saint qu'il ait jamais rencontré. (Smith p. 71)

Psaumes 107.2 (Version Darby) dit :

Que les rachetés de l'Eternel le proclament.

.

Les sanctifiés doivent témoigner ce que Dieu a fait pour eux afin de glorifier le Seigneur. Nos témoignages doivent être empreints d'humilité dans le but d'expliquer que c'est Dieu, et Dieu seul qui opère la sanctification et que nous n'avons pas à nous vanter de quoi que ce soit. En fait, un sentiment d'indignité et un ardent désir de devenir comme Jésus remplit le cœur du croyant entièrement sanctifié.

Soyez toujours prêts à témoigner de ce que Dieu a fait et continue de faire dans votre vie. Quelqu'un a dit : « Ce que nous gardons pour nous-mêmes, nous le perdons ; ce que nous partageons avec les autres, nous l'affermissons et le gardons. »

QUESTIONS

1. Jusqu'ici, nous avons appris trois choses qui se distinguent de la sainteté. Quelles sont ces choses ?

La sainteté n'est pas _____

La sainteté ne veut pas dire _____

La sainteté n'est pas _____

2. Sur le plan des tentations, à quoi peut s'attendre le croyant sanctifié ? _____
_____
_____

3. D'après vous, pourquoi que le diable met-il de grandes tentations devant les croyants sanctifiés ? _____

_____

4. Est-ce que être tenté veut dire pécher ? Expliquez votre réponse. _____

_____

_____

5. Que doit faire un chrétien entièrement sanctifié lorsqu'il découvre dans sa vie quelque chose qui lui inspire le sentiment d'avoir péché et de vivre sous la condamnation ?_____

_____

6. Quels sont les voies qui conduisent le croyant entièrement sanctifié à la perte de la sainteté ? _____

_____

_____

_____

7. Prenez un temps pour écrire un témoignage sur ce que Dieu a fait et continue de faire pour vous dans le domaine de l'entière sanctification. Vous serez appelé à partager votre témoignage avec la classe.

_____

_____

_____

_____

_____

_____

_____

_____

_____

_____

_____

_____

_____

_____

4. La sainteté ne signifie pas que nous n'allons plus commettre des erreurs

4.9 Même si notre cœur a été purifié par la sanctification, nous commettrons toujours des erreurs parce que nous sommes humains. Autrement dit, nous possédons une perfection limitée dans ce monde. Nous commettrons toujours des fautes. Je pourrais donner quelques illustrations pour démontrer ce que je dis.

Supposons que je dise à un de mes amis que je le retrouverais à telle heure à tel endroit. Mais, le jour où je dois le rencontrer, j'oublie et je manque le rendez-vous. Ce n'était pas mon cœur qui était forcément mauvais car ce n'était pas mon intention de manquer à la parole donnée à mon ami. Cependant, en réalisant que j'ai manqué le rendez-vous, la responsabilité m'incombe de me rapprocher de mon ami pour lui demander pardon.

Quand mes fils étaient très jeunes, ils aimaient faire des choses en pensant qu'elles me feraient plaisir. Un jour, j'arrachais les mauvaises herbes de mon jardin, mes garçons qui avaient environ six ans vinrent me proposer leur aide. Ils allèrent de l'autre côté de la maison et commencèrent à arracher les fleurs. Avant même que je ne réalise ce qu'ils étaient en train de faire, ils avaient déjà arraché la moitié des fleurs du jardin. Malgré qu'ils aient échoué dans leur volonté de m'aider, ils avaient rempli la loi de l'amour. C'est à cause de leur amour pour moi qu'ils avaient essayé de m'aider dans le jardin.

Il y a quelques jours, j'ai reçu une lettre d'un homme qui avait appris il y a plusieurs années à lire et à écrire. La lettre était remplie d'amour chrétien. Pendant que je lisais la lettre, je remarquai que son écriture n'était pas très belle et qu'il avait fait des fautes d'orthographe. Néanmoins, cette lettre était spéciale pour moi. Elle avait été écrite avec un cœur débordant d'amour pour moi. Il était impensable de ma part de vouloir le critiquer parce que sa lettre n'était pas parfaitement écrite.

Le chrétien peut être pur sans être parfait ; son cœur peut être rempli d'amour mais il n'est pas infaillible.

5. La sainteté ne signifie pas avoir cessé de croître

4.10 L'expérience de la sanctification est à la fois un évènement ponctuel et une croissance continue. C'est l'indice de la pureté et de la maturité. Il est faux de penser qu'un chrétien n'a plus besoin de grandir spirituellement parce qu'il a justement obtenu l'entière sanctification. Bien au contraire, il faut que la maturité devienne agissante en lui pendant sa marche avec le Seigneur.

Jésus offre au croyant sanctifié, la vie en abondance. Il veut notre croissance spirituelle. Habituellement, la croissance du croyant s'accélère en effet plutôt avant qu'après l'expérience de l'entière sanctification. La raison est que Dieu a la puissance d'accomplir des choses extraordinaires dans la vie d'un individu qui lui abandonne entièrement sa vie. La sanctification n'est pas une fin mais un commencement.

6. La sainteté ne signifie pas être libéré des problèmes

4.11 Des problèmes tels que les tentations vont probablement augmenter dans la vie du croyant sanctifié. Quelqu'un m'a une fois dit que les chrétiens sanctifiés continuent sans aucun doute à rencontrer des problèmes parce que c'est une bonne chose pour nous et cela nous aide à nous rapprocher de Dieu.

Les difficultés sont un bon moyen d'approfondir notre pratique de la vie spirituelle, voire elles nous donnent même la capacité d'aider les autres qui traversent aussi des difficultés.

> *Béni soit Dieu, le Père de notre Seigneur Jésus-Christ, le Père des miséricordes et le Dieu de toute consolation, qui nous console dans toutes nos afflictions, afin que, par la consolation dont nous sommes l'objet de la part de Dieu, nous puissions consoler ceux qui se trouvent dans quelque affliction ! (2 Corinthiens 1.3-4)*

4.12 Après avoir arraché une jeune fille des griffes des puissances maléfiques, Paul avait connu de graves difficultés. Les gens s'étaient retournés contre lui. Il avait été battu et jeté en prison. Or il se réjouissait et chantait des cantiques à Dieu, malgré toutes ces difficultés. En plus de son vibrant témoignage, son influence sur les autres prisonniers leur avait donné le courage de ne pas s'enfuir lorsqu'un tremblement de terre avait ébranlé les portes de la prison. Pendant ces moments difficiles, son témoignage lui permit de conduire au salut en Christ le gardien de la prison et toute sa famille. C'était une vraie victoire au milieu des épreuves ! Dieu peut accomplir la même chose pour chaque sanctifié ; Il peut transformer nos problèmes en un triomphe extraordinaire.

Allister Smith a écrit :

> *Dieu pourrait nous épargner les difficultés, mais ce n'est pas sa manière d'agir. Satan ne pouvait pas atteindre Job sans l'autorisation de Dieu. Job avait connu la souffrance la plus terrible mais, il avait finalement triomphé de son agonie. Si Dieu avait épargné ces épreuves à Job, le monde n'aurait jamais entendu parler de lui. Il existait des hommes bons à l'époque de Job mais nous ignorons tout d'eux. Job a rendu gloire à Dieu au milieu des épreuves qu'il a connues et a été donc, purifié. ....Le récit de ses souffrances fut un défi pour toutes les générations éprouvées. La foi de Job était sortie des épreuves plus forte et il a pu dire : « Même s'il me tuait, je me confierais en lui ... je sais que mon Rédempteur est vivant. »*

> *Dieu permet les difficultés pour nous enseigner des leçons que nous ne pourrions pas apprendre autrement que par la souffrance et pour éprouver notre foi ... nous sommes éprouvés par le feu des difficultés. (Smith p. 86-87)*

4.13 Rappelons-nous aussi que Dieu ne nous éprouvera pas (ne nous laissera pas avoir des problèmes) au-delà de ce que nous ne pouvons supporter (avec son aide). En Afrique, la taille du récipient d'eau qu'une personne porte dépend de la force de cette personne. Les petites filles portent des petits récipients, les adolescentes portent des récipients plus grands alors que les femmes portent des récipients bien plus grands.

QUESTIONS :

1. Nous avons appris six choses différentes de la sainteté. Ecrivez-les ci-dessous.

La sainteté n'est pas _____

La sainteté ne signifie pas _____

La sainteté n'est pas _____

La sainteté n'est pas _____

La sainteté n'est pas _____

La sainteté n'est pas _____

2. Que voulons-nous dire par, un chrétien sanctifié peut être pur sans être parfait (irréprochable). _____
_____
_____

3. Pourquoi tant de croyants témoignent qu'ils croissent plus rapidement en esprit après l'expérience de l'entière sanctification et pas avant ? _____
_____
_____

4. Quels sont les avantages que procurent les épreuves dans la vie d'un croyant sanctifié ?
_____
_____
_____
_____
_____

5. CROITRE CONTINUELLEMENT DANS LA SAINTETE

5.1 Ainsi qu'on nous l'a appris, il n'y a pas de sainteté sans croissance. Si le croyant entièrement sanctifié désire continuer à croître dans la sainteté, il doit remplir certaines conditions. Voici ces conditions :

    1. L'obéissance
    2. La foi
    3. La prière quotidienne
    4. La lecture quotidienne de la Bible
    5. La présence régulière à l'église

1. L'obéissance

5.2 Le chrétien sanctifié doit continuellement obéir à la volonté révélée de Dieu. Désobéir délibérément à Dieu conduit une personne à la sécheresse spirituelle. La désobéissance va ravir au croyant la bénédiction de la sainteté.

Le croyant sanctifié doit marcher dans l'obéissance. Plus un chrétien croît, plus il aura une perception claire de la volonté divine pour sa vie. En marchant dans la lumière, il réalisera assez vite que certains de ses actes et pensées sont mauvais et contestables, même si au début il n'en est pas conscient. Il est tenu de déposer ces aspects de sa vie devant Dieu pour être justifié (ou pour être en règle avec lui).

En persévérant chacun dans notre marche avec lui, de nouveaux aspects (de notre vie) apparaîtront et nécessiteront une consécration continue comme au temps où nous avions soumis notre volonté à celle de Dieu.

Ces diagrammes pourraient nous aider à comprendre ce processus de « la marche dans la lumière » :

La lumière   La lumière

1.   2.   3.

MA VIE

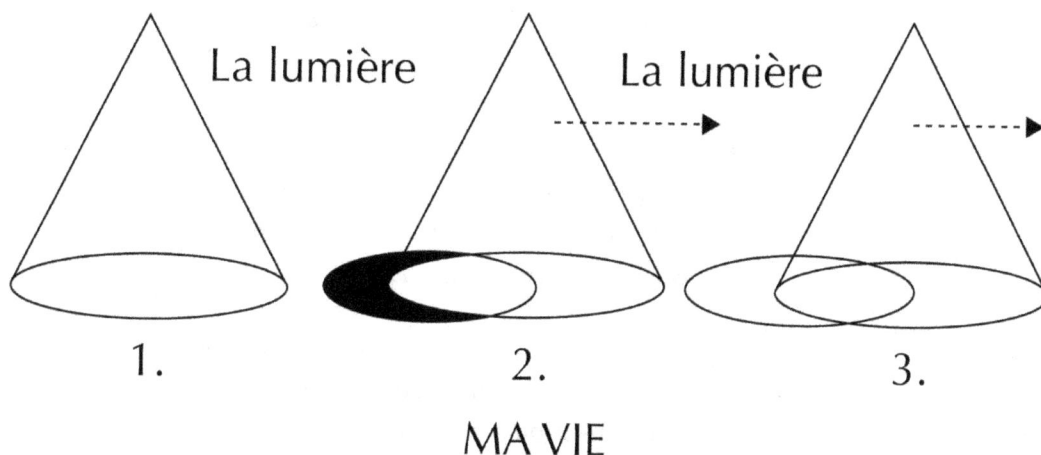

Dans la première phase de l'entière sanctification, nous consacrons tout à Dieu : notre avenir, notre temps, notre talent, notre argent, notre réputation – tout ...

1. Habituellement, ce moment est suivi d'une période de joie, d'exaltation au fur et à mesure que le croyant sanctifié marche désormais dans une totale obéissance à tout ce qu'il reconnaît clairement comme la volonté de Dieu ... la vie du croyant est en harmonie avec la lumière qu'il discerne comme venant de Dieu.

2. Mais la vie de sainteté est ... croissance ... Comment cela se produit-il ? Dieu fait mouvoir sa lumière ! Lorsque nous sommes entièrement soumis à toutes les directives passées de Dieu, il demeure notre guide. Il fait mouvoir sa lumière devant nous ... (pour révéler les choses qu'il veut que j'abandonne. Ce ne sont pas des péchés en tant que tels (cependant, ils peuvent le devenir si je refuse de les abandonner).

Lorsque Dieu envoie sa lumière en éclaireur, il nous pousse souvent à laisser de côté certaines choses afin de nous rendre plus efficaces pour son service.

3. La conséquence naturelle de ce processus de la croissance secondaire sera que nous avancerons pour entrer dans la pleine clarté de la lumière révélée par Dieu.

(La sainteté pour tous, p.130)

Jésus a dit :

Vous êtes mes amis si vous faites ce que je vous commande. (Jean 15.14)

2. La foi

5.3 De même qu'il a été sanctifié par la foi, le croyant est gardé intact dans la sainteté par (L'œuvre de) la foi.

La foi par laquelle nous obtenons l'entière sanctification ne s'exerce pas justement en un seul temps. C'est un processus. Pour recevoir l'entière sanctification, je dois arriver à un point tel que je peux dire : « J'ai l'assurance que tu m'a purifié. L'œuvre est accomplie et je la confesse par la foi. » Pour progresser dans cette vie, cette même foi est nécessaire. Par exemple, « Je continue d'avancer dans cette vie actuelle et je crois que TU ne cesses de me purifier. »

Dès que le doute s'installera, la vie commencera à s'échapper. Aussi longtemps que je persiste à croire qu'il est possible de vivre sans librement pécher, l'aptitude à l'obéissance totale à Dieu est présente. Dès que je commence à douter de cette capacité, ma vie sera alors à l'image de mes doutes.(Drury 122)

5.4 Il est nécessaire de se rappeler que la sanctification a été obtenue par la foi et non par les émotions. Satan tentera souvent de vous prendre au piège de vos sentiments. Mais la vérité est qu'une personne sanctifiée n'éprouve parfois aucune émotion. C'est à ce moment-là que le diable tentera de vous faire croire que vous n'êtes pas entièrement sanctifié.

Les émotions changent toujours. Un jour, quelqu'un a dit que les sentiments changent comme les flots de la mer et le souffle du vent. Mais la foi est fondée sur la promesse que Dieu ne change pas. La fugacité de nos sentiments ne pourra pas changer la véritable œuvre sanctificatrice du Saint-Esprit.

3. La prière quotidienne

5.5 Si notre objectif est de prolonger l'expérience de la sanctification, il est nécessaire que nous passions du temps avec Dieu dans la prière. Colossiens 4. 2 déclare que nous devrions nous consacrer à la prière. 1 Thessaloniciens 5.17 nous dit : « *Priez sans cesse.* »

Aussitôt après les évènements merveilleux de la Pentecôte, les apôtres et les disciples de Jésus avaient passé beaucoup de temps dans la prière. Ils priaient que la flamme continue de brûler dans leurs cœurs.

De nombreux croyants perdent leur expérience de la sanctification parce qu'ils cessent de pratiquer la prière. La vie chrétienne est indissociable de la prière. Nous devons consacrer notre temps à Dieu et lui permettre de nous parler. Quand nous « espérons dans le Seigneur », c'est à ce moment que nous pourrons « renouveler notre force » et glorifier Dieu jour après jour.

4. La lecture quotidienne de la Bible

5.6 Jésus-Christ avait prié pour que ses disciples soient sanctifiés par la parole dans Jean 17.17-19. Après la Pentecôte, ces disciples se distinguèrent par leur lecture assidue de la Parole de Dieu. Pierre encourageait les croyants à « *désirer le lait spirituel et pur de la parole de Dieu* » (1 Pierre 2. 2) afin qu'ils croissent pour le salut.

Le croyant sanctifié doit prendre le temps d'étudier la Parole de Dieu dans une attitude de prière. Quelqu'un a dit que la Bible est la nourriture de la foi. La lecture de la Bible est un devoir si le croyant veut réellement connaître une forte croissance spirituelle.

5. La présence régulière à l'église

5.7 La Bible dit que les croyants ne doivent pas « *abandonner leur assemblée comme certains ont l'habitude de le faire* » (Hébreux 10.25). Souvent, les personnes qui sont absentes du culte du dimanche manquent justement ce dont elles avaient besoin pour fortifier leur foi et raffermir leur cœur.

Les croyants entièrement sanctifiés doivent s'identifier et être en relations avec les enfants de Dieu.

Je connais un homme qui avait une fois été merveilleusement sanctifié. Il donna des témoignages extraordinaires de ce que Dieu avait fait dans sa vie. Mais un jour, quelque chose survint et l'empêcha d'assister au culte. Il ne ressentit pas tout de suite qu'il avait faibli spirituellement en manquant juste ce culte. Donc, Il conclut qu'il pouvait aussi bien s'absenter la semaine suivante. A la fin, il cessa complètement d'assister au culte car il semblait que quelque chose de plus important survenait à chaque fois. Cependant, il continuait de raconter qu'il était un solide chrétien. Il leur disait qu'il priait et lisait sa Bible. Mais, au bout d'un certain temps, il cessa même de faire ces choses. Petit à petit, son zèle pour le Seigneur disparut. La dernière fois que j'ai entendu parler de lui, cet homme ne marchait plus avec le Seigneur.

QUESTION

Expliquez en mentionnant les détails quelles sont les conditions qu'un croyant entièrement sanctifié doit remplir pour croître toujours dans la sainteté.

_____

_____

_____

_____

_____

_____

_____

APPENDICE A

11 POINTS ESSENTIELS DE LA DOCTRINE DE SAINTETE DE JOHN WESLEY

(1) Il existe une chose appelée *perfection*,
   car elle est fréquemment mentionnée dans les Ecritures.

(2) Cette perfection n'est pas reçue aussitôt que la justification, car les justifiés
   doivent « tendre à ce qui est parfait » (Hébreux 6.1).

(3) Cette perfection n'est pas donnée aussi tard que la mort,
   car saint Paul parle d'hommes vivants qui étaient parfaits (Ph 3.15).

(4) Elle n'est point absolue.
   La perfection absolue n'appartient ni à l'homme, ni aux anges ; elle n'appartient
   qu'à Dieu seul.

(5) Elle ne rend pas infaillible ;
   nul n'est infaillible tandis qu'il demeure dans le corps.

(6) Est-elle sans péché ?
   Il n'est pas utile de se battre pour un terme. Elle est une « délivrance du
   péché. »

(7) Cette perfection est l'amour parfait. (1 Jean 4.18)
   L'amour en est l'essence ; se réjouir toujours, prier sans cesse et rendre grâces en
   toutes choses (1 Th 5.16-18) sont les fruits inséparables de cet amour.

(8) Elle est susceptible d'augmentation ;
   elle est si éloignée de consister en un point indivisible et d'être incapable
   d'accroissement, que l'homme parfait dans l'amour peut croître en grâce
   beaucoup plus promptement qu'il ne le faisait auparavant.

(9) Cette perfection peut se perdre ;
   de nombreux exemples le prouvent. Mais nous n'étions pas complètement
   convaincus de cela jusqu'à il y a environ cinq ou six ans de cela.

(10) Elle est toujours précédée et suivie d'une œuvre graduelle.

(11) Mais est-elle en elle-même instantanée ou non ?
   Il est souvent difficile de percevoir le moment où un homme meurt ; cependant
   il y a un moment où la vie cesse. Et si le péché vient à cesser, il doit y avoir un
   moment pour cela, et un premier instant de notre délivrance du péché.

(Une exposition claire et simple de la perfection chrétienne, p. 94-95)

APPENDICE B

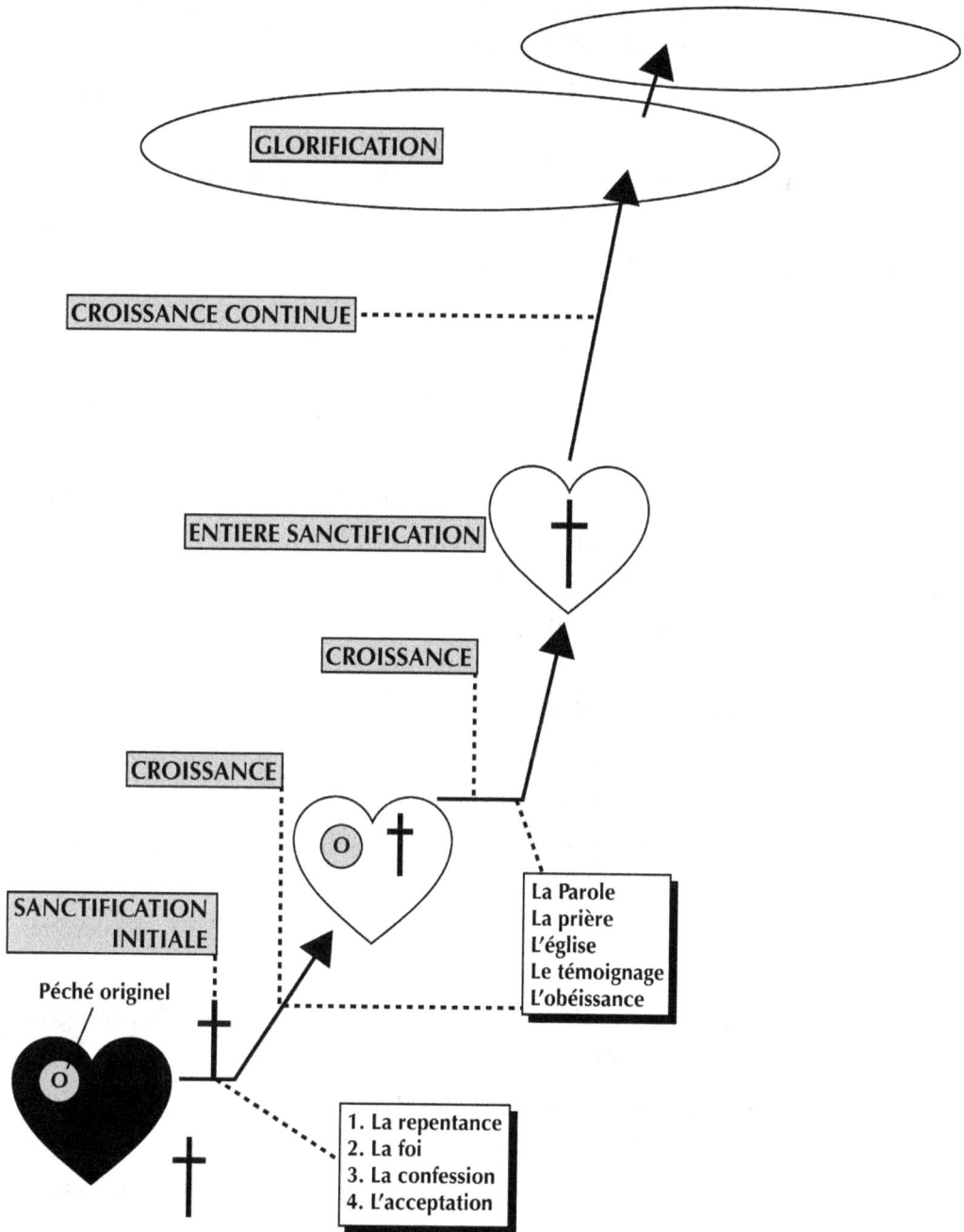

GLORIFICATION

CROISSANCE CONTINUE

ENTIERE SANCTIFICATION

CROISSANCE

CROISSANCE

SANCTIFICATION INITIALE

Péché originel

La Parole
La prière
L'église
Le témoignage
L'obéissance

1. La repentance
2. La foi
3. La confession
4. L'acceptation

BIBLIOGRAPHIE

Anderson, Keith. Introductory Course and African Traditional Religion. Nairobi, Kenya : Evangel Publishing House, 1983.

Barclay, William. *Flesh and Spirit : An Examination of Galatians 5.19-23*. Grand Rapids, Michigan : Baker Book House, 1977.

Barclay, William. *The Letters to the Galatians and Ephesians*. Edition révisée. Philadelphie : Westminster Press, 1976.

Billheimer, Paul. *Destined for the Throne*. Fort Washington, Pennsylvanie : Christian Literature Crusade, 1975.

Bonnard, P. A Companion to the Bible. [*s.l.*], [*s.d.*]

Brengle, Samuel Logan. *Vers la sainteté*. Kansas City : Editions Foi et Sainteté, 1975.

Bridges, Jerry. *The Pursuit of Holiness*. Colorado Springs : Navpress, 1984.

Bright, Bill. *Ten Basic Steps Toward Christian Maturity* (Manuel de l'enseignant). San Bernadino, Californie : Here's Life Publishers, 1982.

Caldwell, Wayne. "How to Be Sanctified Wholly – Step No 1". *Wesleyan Advocate*. Vol. 147, No 15 (September 1989), p. 3.

Caldwell, Wayne. "How to Be Sanctified Wholly -Step No 2". *Wesleyan Advocate*. Vol. 147, No 16 (Octobre 1989), p. 3.

Caldwell, Wayne. "How o Be Sanctified Wholly—Step No 4". *Wesleyan Advocate*. Vol. 147, No 18 (December 1989), p. 3.

Caldwell, Wayne. "The Eight Imperatives of Entire Sanctification." *Wesleyan Advocate*. Vol. 147, No 2 (16 janvier,1989), p. 3.

Caldwell, Wayne. *The Fruit and Gifts of the Holy Spirit*. Marion, Indiana : Wesley Press, 1979.

Carter, Charles. *A Contemporary Wesleyan Theology*, Vol. 1, Grand Rapids, Michigan, Francis Asbury Press, 1983.

Carter, Charles W. *The Person and Ministry of the Holy Spirit*. Grand Rapids, Michigan : Baker Books House, 1974.

Connor, John. *Wesleyan Doctrine Made Plain*. Indianapolis, Indiana : Wesley Press, 1987.

Corlett, Lewis T. *Holiness in Practical Living*. Kansas City, Missouri : Beacon Hill Press, 1948.

Cox, Leo. *John Wesley's Concept of Perfection*. Kansas City, Missouri : Beacon Hill Press, 1964.

Drury, Keith. *La sainteté pour tous*. Kansas City, Missouri : Beacon Hill Press, 1992.

Eadie, John. *Commentary on the Epistle of Paul to the Galatians*. [*s.l.*], [*s.d.*]

Earle, Ralph, editor. *Adam Clarke's Commentary on the Bible*. Grand Rapids, Michigan : Baker Books House, 1974.

Eastman, Dick. *The Hour That Changes the World*. Grand Rapids, Michigan : Baker Book House, 1982.

Failing, George, editor. And *They Shall Prophesy*. Marion Indiana : Wesley Press, 1978.

Geiger, Keneth, Compiler. *Insights Into Holiness*. Kansas City Missouri : Beacon Hill Press, 1962.

Haines, Lee, editor. *Entire Sanctification : Studies in Christian Holiness*. Marion Indiana : Wesley Press, 1964.

Howard, R.E. "The Epistle to the Galatians." *Beacon Bible Commentary*, Volume IX. Kansas City, Missouri : Beacon Hill Press, 1965.

Hurn, Raymond W. *Finding Your Ministry---A Study of the Fruit and Gifts of the Holy Spirit*. Kansas City: Beacon Hill Press, 1977.

Metz, Donald. *Studies in Biblical Holiness*. Kansas City, Missouri : Beacon Hill Press, 1971.

Miller, Stephen. *How to Live The Holy Life*. Kansas City, Missouri : Beacon Hill Press, 1986.

Orr, J. Edwin. *Full Surrender*. London : Marshall, Morgan & Scott, 1951.

Slater, Flora Belle. "The Second Work of Grace---Entire Sanctification", 1976.

Smith, Allister. *The Ideal of Perfection*. Cape, South Africa : Otadel Press, 1963.

Stott, John R. W. *God's New Society : The Message of Ephesians*. Leicester. England : Inter-Varsity Press, 1979.

The Discipline of the Wesleyan Church of Southern Africa. 1979.

Van Der Lugt, Herb. *How Can I Be Filled with the Holy Spirit ?* Grand Rapids, Michigan : Radio Bible Class, 1986.

Wagner C. Peter. *Your Spiritual Gifts Can Help Your Church Grow*. Glenfdale, California : Regal Books, 1979.

Wesley, John. *Une exposition claire et simple de la perfection chrétienne*. Kansas City : Editions Foi et sainteté, 2008.

Wesley, John. *The Works of John Wesley*. 14 Volumes. Kansas City : Beacon Hill Press, 1979.

Wiley, H. Orton. *Christian Theology*, Vol. II. Kansas City, Missouri : Beacon Hill Press, 1940.

TABLE DES MATIERES